酒店品牌建设认知与实践

刘颖洁 ◎ 编著

中国旅游出版社

前　言

酒店品牌是酒店服务特色和品质的表征，是酒店企业综合实力和核心竞争力的体现。在经济全球化背景下，作为旅游业三大传统支柱产业的酒店业，由于其"产品"功能和营销手段的同质化，酒店企业间的竞争实质上已经转向酒店品牌的竞争。因此，对酒店企业来说，品牌建设与管理的优劣不仅关系到酒店企业的成长，而且与企业的兴衰紧密相连。然而，酒店"品牌"建设并非是随着主观意愿一蹴而就的，它犹如一项系统工程，不仅涉及酒店企业的发展战略和经营管理，而且与企业每个员工的参与息息相关。所以优秀的酒店"品牌"不是一夜之间炼成的，而是像"十年树木，百年树人"那样，是经过长期历史积淀的结果。

本教材针对酒店管理专业学生开设的专业课程"酒店品牌建设与管理"而编写，作为学习该门课程的辅助读本，也可作为旅游管理等相关专业学生学习酒店品牌相关知识的参考书目。全书包括认知与实践两部分。认知部分是以刘颖洁副教授主讲的湖南省线上线下混合式一流课程"酒店品牌建设与管理"内容为基础编撰的，实践部分是以湖南省大学生酒店管理商业策划创意大赛获奖作品为基础编撰的。为帮助学生形象而系统地理解和掌握酒店品牌建设与管理的理论知识，基于酒店品牌建设与管理的理论体系，运用比拟修辞法将酒店品牌建设与管理过程描述为种、芽、苗、树、花五个阶段，分为五篇进行分析和阐释。第一篇：酒店品牌之种的择优期。包括第一章认识品牌之种、第二章分析品牌生长之境，主要知识点包括品牌基础知识、意义和价值以及品牌建设与竞争的战略环境分析等。第二篇：酒店品牌之芽的破土期。包括第三章品牌之芽的生根、第四章品牌之芽的萌生，主要知识点包括品牌定位与目标及品牌创意与设计等相关知识。第三篇：酒店品牌之苗的生长期。包括第五章品牌之苗的培育管理、第六章品牌之苗的移植推广，主要知识点包括品牌管理与诊断及品牌营销与推广、传播等相关知识。第四篇：酒店品牌之树的成长期。包括第七章品牌之树的修枝造型、第八章品牌之树的施肥提升、第九章品牌之树的长青维护，主要知识点包括品牌竞争力及其提升策略与品牌维护及危机管理等相关知识。第五篇：酒店品牌之花的绽放期。包括第十章绽放创意品牌之花——成果篇，是本教材的实践部分，摘录近两届湖南省大学生酒店管理商业策划创意大赛原创获奖作品作为创意酒店的实践案例。

全书由刘颖洁负责理论架构、内容设计、体例规范和初稿撰写及最终审稿和统稿。曾瑶、陈小燕、刘璐琪、王汝丹、唐海霞、甄苗六人参与了该课程初稿的撰写工作，并由曾瑶负责协调。曾瑶、刘璐琪、陈小燕为湖南师范大学旅游学院职业技术教育（旅游服务）专业在读硕士研究生，甄苗、唐海霞、王汝丹为湖南师范大学旅游学院饭店管理专业在读硕士研究生。在此，本人对参与湖南省线上线下混合式一流课程"酒店品牌建设与管理"课程建设及本书编撰的同学们表示真诚的感谢，对参与湖南省大学生酒店管理商业策划创意大赛获奖的同学们及其指导老师在祝贺的同时，对他们的优秀作品对本书的贡献表示感谢，对课程和本书所涉及的相关文献的来源方和作者表示由衷的感谢和敬意。由于水平所限，在课程和本书中难免会有不足之处，虚心接受观者和读者的批评和指正。

刘颖洁

湖南师范大学旅游学院

目录 Contents

第一篇 酒店品牌之种的择优期 | 001

第一章 认识品牌之种 | 002
第一节 酒店品牌的定义 | 005
第二节 酒店品牌的重要性 | 010
第三节 酒店品牌的作用及意义 | 014
第四节 酒店品牌的价值 | 018

第二章 分析品牌生长之境 | 030
第一节 酒店品牌竞争战略环境分析 | 033
第二节 酒店品牌建设战略机遇运筹 | 037
第三节 酒店品牌建设存在的问题 | 040
第四节 酒店品牌建设与环境的适应 | 044

第二篇 酒店品牌之芽的破土期 | 057

第三章 品牌之芽的生根 | 058
第一节 品牌定位理论 | 062
第二节 酒店品牌目标市场的选择 | 067
第三节 酒店品牌定位的原则与方法 | 071
第四节 酒店品牌重定位及困境 | 076

第四章 品牌之芽的萌生 | 087
第一节 酒店品牌命名与标志 | 090
第二节 酒店品牌颜色与口号 | 096
第三节 酒店品牌文化塑造 | 101
第四节 酒店品牌形象策划 | 105

第三篇 酒店品牌之苗的生长期 | 117

第五章 品牌之苗的培育管理 | 118
第一节 酒店品牌管理机构 | 121
第二节 酒店品牌服务管理 | 126
第三节 酒店品牌内部传播与管理 | 130
第四节 酒店品牌诊断 | 134

第六章 品牌之苗的移植推广 | 146
第一节 酒店品牌推广 | 149
第二节 酒店品牌传播 | 152
第三节 酒店品牌营销策略 | 157
第四节 酒店品牌营销新视野 | 161

第四篇 酒店品牌之树的成长期 | 173

第七章 品牌之树的修枝造型 | 174
第一节 酒店品牌竞争力的概念与特征 | 177
第二节 酒店品牌竞争力的构成要素和来源 | 180
第三节 品牌个性 | 186
第四节 品牌体验 | 189

第八章 品牌之树的施肥提升 | 200
第一节 提升酒店品牌形象策略 | 203
第二节 改变酒店品牌态度策略 | 207
第三节 维护酒店品牌忠诚策略 | 211
第四节 运营酒店品牌资产策略 | 215

第九章 品牌之树的长青维护 | 225
第一节 酒店品牌经营维护策略 | 228
第二节 酒店品牌品质保障策略 | 231
第三节 酒店品牌法律保护 | 234
第四节 酒店品牌危机管理 | 237

第五篇　酒店品牌之花的绽放期 | 251

第十章　绽放创意品牌之花——成果篇 | 252

案例一　西安∑酒店 | 253

案例二　漫威酒店 | 254

案例三　"完美伴侣"——Metis | 254

案例四　凤凰金茂·苗族风情园 | 255

案例五　金茂浅闲黑麋峰度假酒店 | 256

案例六　宁杭湾方舟号 | 256

案例七　金茂·韶雅酒店 | 257

案例八　智漫联宠酒店 | 258

案例一　猎梦人公寓 | 259

案例二　金茂·鹤归 | 260

案例三　凌云公寓 | 260

案例四　金茂·Z0公寓 | 261

案例五　金茂·享寓 | 262

案例六　三公主·东庭记 | 262

参考文献 | 264

第一篇
酒店品牌之种的择优期

第一章
认识品牌之种

如果说酒店品牌是酒店企业"遮风挡雨"的一棵"大树",那么这棵"大树"的长成就离不开一粒优良的种子。春种一粒粟,秋收万颗子,优良的种子是幼苗茁壮成长的前提条件,是粮食丰产增收的重要基础。酒店品牌建设也是如此,优良的品牌之"种"是酒店形成优质品牌之"树"的基础,是酒店品牌成为"品牌"的关键。因此,在建设酒店品牌之初,正确认知酒店品牌的定义、重要性、作用、意义及价值等,能够帮助我们精准地选择优质的酒店品牌之"种",从而为培育知名的酒店品牌之"树"打下良好的基础。

项目导航

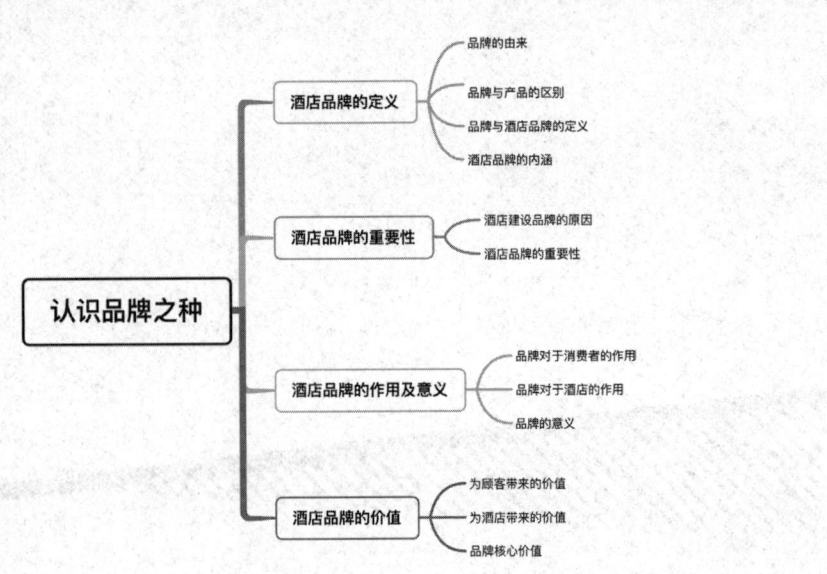

项目目标

知识目标：
① 了解酒店品牌的定义及重要性
② 领会酒店品牌的作用及意义
③ 理解酒店品牌的价值

实践目标：
① 能基于对酒店品牌基础理论的理解，对所熟悉的酒店品牌进行基本的价值分析
② 能够迁移本章节的知识，结合知名酒店集团的品牌建设历程进行反思

行业资讯

英国品牌评估机构"品牌金融"（Brand Finance）发布的 2022 年度"全球酒店品牌价值 50 强"榜单（Hotels 50 2021）显示，50 强品牌的总价值达 609 亿美元。其中，美国酒店集团旗下的酒店品牌占据前 5 强中的 4 个席位，总部在中国香港的香格里拉位居第 7，中国本土品牌锦江、汉庭和全季也进入了 50 强榜单，但排名并不靠前。

英国品牌评估机构"品牌金融"（Brand Finance）发布的 2022 年度
"全球酒店品牌价值 50 强"榜单①

---

① 数据来源：https://brandfinance.com/

在 2022 年酒店管理集团的品牌综合价值榜上，美国希尔顿酒店集团品牌的总价值达 120.40 亿美元，美国凯悦酒店集团品牌的总价值为 59.05 亿美元，英国洲际酒店集团品牌的总价值为 41.55 亿美元，美国希尔顿集团欢朋酒店品牌的总价值为 39.28 亿美元，美国万豪国际品牌的总价值为 23.13 亿美元。

> **资讯启示：**
>
> 现代酒店行业经过近百年的发展之后，已经步入了酒店品牌优势、文化优势、精细化定位、科技赋能和经营模式等百花齐放的新阶段，并且竞争日益加剧。酒店行业无时无刻不面临着优胜劣汰的命运，新的酒店品牌层出不穷，经典酒店品牌也在不断更新迭代。酒店只有夯实品牌发展的根基，才能在全球酒店品牌的舞台上屹立不倒。

第一节 酒店品牌的定义

任务描述

谈到品牌，人们应该都不陌生。比如，你习惯喝什么品牌的饮料，长期穿什么品牌的衣服和鞋子，喜欢用什么品牌的手机和计算机，等等。当前，品牌意识已经深入人心，人们在消费时考虑到的因素往往不再是价格，而是品牌。我们生存在一个品牌的世界里，为了能更好地认识品牌、建设品牌，最初的任务就是要认识品牌与酒店品牌。

任务目标

· 了解品牌的由来
· 区分品牌与产品
· 理解品牌与酒店品牌的联系
· 掌握酒店品牌的内涵

任务资讯

一、品牌的由来

品牌的英文单词"Brand"源自挪威文"Brandr"，有"灼烧"之意。"Brand"的词义除了"品牌""商标"之外，也有"烙印""用烙铁打标记"的意思。从词义上看，品牌本身就具有"区分"的功能。在古希腊、古埃及和古中国，人们就学会使用特定的标记来区分财产和商品。在《汉书·王尊传》中就有"箭张禁，酒赵放"的记载，意思是张禁造的箭，赵放酿的酒。

13世纪英格兰的面包师都会在每块面包上标上自家面包坊的记号，如果有市民对买到的面包不满意时，就可根据标记找到相应的面包坊。在产品上留下标记或者名字，最初是强制性的要求，后来逐渐演变成人们的一种行为自觉，这种做法使一部分优秀工坊脱颖而出，并催生了一大批备受信任的品牌。优秀的工匠会主动在自己的产品和包装上留下独有的标志，以便与其他同类的产品区分开来，提升自身品牌的价值。像我们熟知的"同仁堂""全聚德""稻香村"等一批老字号就是在时间长河中慢慢形成的。

二、品牌与产品的区别

我们购买产品关注的是它的作用和功能，而选择一个品牌是因为它代表着什么。比如，年轻人喜欢去星巴克咖啡店，他们除了购买咖啡之外，应该更喜欢那里的休闲氛围；购买法拉利的人们，看重的不仅仅是跑车，更是那种驾驶快感和尊贵体验；购买劳力士的，也不仅仅关注手表本身，更是大品牌带来的自信和身份感；入住希尔顿酒店的，看重的也不仅仅是三尺卧榻，更多的是环境的优雅舒适与安全安心。

品牌与产品是一对截然不同的概念，二者的差异主要体现在以下几个方面：

1. 存在形态

品牌是无形的，产品是有形的；品牌一般存在于消费者的心目中，产品往往摆放于货架上和仓库中。比如，人们去超市购物，眼睛看到的是货架上的饼干、薯片、巧克力、饮料等产品，脑子里想到的却是"徐福记""乐事""德芙""可口可乐"等品牌。

2. 生命周期

产品的生命周期较短，品牌的生命周期较长；产品会因过时而被淘汰，品牌则更为持久。比如，现代社会已经很难发现录音机、CD机等电子产品了，但"松下""索尼"等这些品牌却未消亡，并且依旧占据着很大的市场份额。

3. 价值

上文讲到，品牌是无形的，产品是有形的。同样的，品牌一般都是无价的，不易量化的；产品基本是有价的，可以量化的。

总而言之，对于消费者而言，品牌是由企业创造的好的产品，并通过一定的价值承诺而为消费者所拥有；对于企业来说，品牌起源于伟大的企业家梦想，它凝结着企业家对产品的至善至美的追求，以及渴望被消费者认同的期待。

三、品牌与酒店品牌的定义

20世纪50年代，美国著名的广告专家大卫·奥格威，第一次提出品牌概念。他认为"品牌是一种错综复杂的象征，它是品牌的属性、名称、包装、价格、历史、名誉、广告风格的无形组合。品牌同时也因消费者对其使用的印象及自身的经验而有所界定"[①]。这一概念受到营销界的普遍重视,品牌逐渐成为营销界研究的热点之一。

早期的品牌定义主要强调品牌的识别功能,将它看作是企业区别于其他产品的标志。后期不断有专家和学者试图更全面地回答"品牌是什么"这个问题。美国市场营销协会(AMA)将品牌定义为:用以识别一个或一群产品或劳务的名称、术语象征、记号或设计及其组合,以和其他竞争者的产品或劳务相区别。美国营销学家菲利普·科特勒认为,品牌是一个名字、称谓、符号或设计,或者是这些的总和,其目的是要使自己的产品或服务有别于其他竞争者。而随着品牌营销实践的不断发展,品牌的内涵和外延也在不断扩大,出现更多不同视角的品牌定义。

结合不同的品牌定义与酒店特性,本书将酒店品牌定义为:酒店产品、服务的标志与内涵价值的综合体;它由品牌名称、品牌认知、品牌联想、品牌标志、品牌色彩、品牌包装和商标等众多要素组成,它是在消费者心目中建立起来的酒店文化、经营理念、产品品质、服务特色等综合形象。

四、酒店品牌的内涵

本书从四个方面来阐释酒店品牌的内涵:

1. 酒店品牌是一个标志识别系统

酒店标志识别系统主要包括品牌名称、品牌标志、品牌语言等识别要素,以方便顾客识别酒店的产品与服务。

"万豪""洲际"等都是酒店品牌名称,而知名的酒店往往还有自己独特的品牌口号。比如,万豪酒店的品牌口号是"Thinking of you!"(全心为你);洲际酒店的品牌口号是"We know what it takes."(明白所需,满足所想)等。这些各不相同的品牌口号形成了各个酒店鲜明独特的品牌识别要素,十分方便消费者用来识别和选择酒店。

2. 酒店品牌是一个内涵丰富的综合性概念

酒店品牌是消费者对酒店的企业文化、经营理念、产品品质、服务特色等形成的认知、评价、印象、联想等多方面内容的综合。

例如,谈及瑞吉酒店,人们很容易联想到严谨尊贵的管家服务;谈及W酒店,人们可能会联想到"Whenever Whatever"(随时随需)的服务特色;谈及华尔道夫酒店,人们应该会联想到奢华古典的酒店氛围;谈及7天酒店,人们更容易联想到经济

---

① 陈雪钧,马勇,李莉昊. 酒店品牌建设与管理[M]. 重庆:重庆大学出版社,2015.

便捷的经营理念；等等。

3. 酒店品牌是企业最重要的无形资产之一

品牌是一种无形资产，与能直接计算出价值的产品等有形资产不同，品牌的知名度、美誉度、认同度、忠诚度等并不能直接计算其绝对价值，却能给酒店持久带来直接或间接的经济收益。从某种程度上讲，酒店品牌价值是远远超越酒店企业产品等有形资产价值的。对于消费者来说，知名酒店品牌不仅能减少消费者选择酒店产品前的决策成本，而且更能为消费者提供情感、文化等方面的消费价值。

4. 酒店品牌包含企业品牌和产品品牌

有的酒店习惯将企业品牌，也就是将酒店名称作为酒店品牌名称。它的优点在于能够集中财力、物力来塑造单一品牌，从而比较直观、准确地表达酒店的企业文化、经营理念、经营哲学等。它的缺点在于不利于多种类型酒店产品的兼容，甚至造成产品形象模糊。国外酒店大多习惯运用企业品牌这种形式来开拓目标集聚型市场。例如，加拿大的四季酒店将目标市场定位为全球高档酒店消费群体，因此大胆运用企业品牌作为酒店品牌，以此来体现其豪华酒店的产品定位，并成功在全球豪华酒店市场获得了很高的市场占有率。

产品品牌是指酒店对其经营的每一种酒店产品都有各自独立的品牌，每种品牌都针对特定细分市场的差异需求"量身定做"。它的优点在于能够很好地明晰产品等级和功能差异。它的缺点在于缺乏统一的企业形象，品牌过多容易造成营销资源的分散，也不利于塑造酒店知名品牌。在这方面，圣达特酒店集团是一个成功的典范，它针对不同类型的细分市场推出了豪生、骑士客栈、天天客栈等独立的产品品牌，但准确的产品形象定位使它在各个细分市场均保持着很高的市场占有率。

▍酒店资讯

四季酒店

第一章 认识品牌之种

任务拓展训练

品牌口号知多少？

· 雅高集团：_____

· 希尔顿酒店：_____

THE RITZ·CARLTON

· 丽思·卡尔顿酒店：_____

第二节　酒店品牌的重要性

▎任务描述

一个没有品牌的产品，往往会让人感觉质量没有保证，甚至会被误认为是"三无"产品。当人们不熟悉、不了解某个企业或产品时，一般都会将着眼点放在该企业或产品的品牌上，通过品牌知名度的高低来进行比较和选择。比如，人们在买瓶装水时一般会选择娃哈哈、农夫山泉、怡宝等知名品牌，买运动服装时往往会选择耐克、阿迪达斯、李宁等大品牌，选择下榻酒店时习惯考虑希尔顿、瑞吉、万豪等国际品牌。在酒店数量剧增、差异性不明显的买方市场条件下，品牌也就发挥着十分重要的作用，其是酒店之间相互区分的主要标志之一。

▎任务目标

· 了解酒店建设品牌的原因
· 理解酒店品牌的五大重要性

▎任务资讯

一、酒店建设品牌的原因

1. 外围市场竞争的需要

在日益激烈的市场竞争中，品牌是酒店打入市场、占领市场的武器，是酒店脱颖而出的重要法宝。品牌竞争力的高低决定着酒店盈利能力的强弱和酒店产品的成败。巨大的中国市场早已成为国内外酒店的竞技场，任何一家酒店企业，不管其实力、规模、效益如何，要想在这个竞技场中争得主动、赢得先机、求得发展，就必须集中精力打造符合自身实际的、具有完全竞争优势的酒店品牌。

2. 消费观念转变的需要

国内经济快速发展，居民生活水平大幅提升，人们的消费观念也发生了重大改变。人们更加注重品质、讲究品牌，价格已不再是部分人群消费时首先考虑的因素。因此，当有消费能力的顾客在选择酒店产品时，他第一时间考虑的往往不是价格，而是该酒店的品牌以及该品牌所代表的形象、信誉和身份等。

3. 酒店自身发展的需要

酒店提供的服务产品同常规意义上的产品相比，具有无形性等特点。也正因如此，酒店服务产品很容易被竞争对手模仿并且无法投诉。而品牌就像给酒店的无形服务产品上了一个"牌照"，认牌选购成了顾客信任酒店、选择酒店的重要渠道。而且酒店有了品牌之后，哪怕服务产品被其他酒店模仿，也很难撼动该品牌酒店的地位，就像丽思·卡尔顿酒店的 wow story 和服务信条，无论其他酒店如何模仿，丽思·卡尔顿的服务产品想必还是很大一部分顾客的首选。

二、酒店品牌的重要性

酒店建立自己的品牌十分重要，其重要性主要体现在以下五个方面：

1. 便于广告宣传

品牌，是酒店的名片，代表着酒店的服务特色和产品品质。一个好的品牌，更能吸引消费者注意，更能满足消费者的多元化需求，更能促进酒店产品的推广和销售。消费者往往习惯按照品牌知名度的高低来选择酒店产品，对知名酒店品牌的广告推广和宣传活动更感兴趣。因此，一个好的品牌就是对酒店最好的广告宣传。

2. 带来资源优势

成熟的酒店品牌，更容易聚拢人气、占领较大的市场份额并拥有相对稳定且庞大的客户资源。以汉庭酒店为例。汉庭的创始人叫季琦，如果说你不认识季琦，那么你一定认识一家公司叫携程，那是他创办的第一家公司。2005 年汉庭成立，借助携程的会员体系，迅速打响了知名度。汉庭有了名气以后，季琦就开始了整合资源之路。想象一下，你有一天开了一家酒店，总投资为 500 万元，但是生意不好。有一天汉庭的人过来跟你说："我们有大量的会员，如果你跟我们合作的话，我可以把我们的会员系统导入你店里面。"这个时候你是不是会很高兴，别人能给你源源不断地注入流量，接着他又告诉你，你这个酒店管理水平不怎么样，用他们的会员必须得使用他们的管理体系。如果跟他们合作，你就当甩手掌柜，等着分钱就好了。这时候酒店因为要用汉庭的会员，用汉庭的管理体系，于是挂上了汉庭的品牌，也就成为汉庭旗下的酒店。汉庭正是通过品牌连锁的方式整合资源优势，得以迅速发展。

3. 提高议价能力

知名的酒店品牌，往往有着更高的议价能力，在市场竞争过程中更能掌握话语权、主动权。万豪是全球最大的酒店集团，自万豪收购喜达屋酒店之后，万豪想要将支付给在线旅游公司 Expedia 的佣金从大约 12% 降到 10%。双方的谈判开始于 2018 年，中间一度出现了僵局，在重启谈判之后，双方于 2019 年达成了新的分销协议。虽然新协议尚未公开万豪需要向 Expedia 支付的佣金率，但新的合约部分条款保证了万豪的权益，万豪会在后续合作中掌握更多的分销主动权。此次谈判也为全球酒店和 OTA（在线旅游公司）的关系翻开了新篇章。由此可见，万豪酒店集团作为全球首屈一指的酒店品牌，有着很强的议价能力，如果换一家酒店，结局或许就不一样了。

4. 助力产品溢价

当某一酒店品牌有了足够高的市场地位之后，它所提供的服务产品基本上不再仅仅根据质量等要素来定价，而是加入了品牌价值等元素，从而产生了溢价效应，推高了服务产品的价格。同样一瓶威士忌，在普通平台的售价可能不到 600 元，但在丽思·卡尔顿的官网却标出了 900 多元的高价。

5. 提供风险保护

品牌是酒店的无形资产，有着重要的地位和作用。对于酒店来说，建立一个具备市场优势的品牌就是给自身建立了一面防火墙，时时刻刻能够为酒店提供一定的风险保护。具有品牌优势的酒店，在危急关头可以将品牌作为抵押物去融资，帮助酒店降低资金风险，渡过难关。在激烈的市场竞争中，没有品牌优势的酒店甚至还会面临被其他酒店收购甚至是破产的风险。这方面的案例不胜枚举，比如锦江国际集团就曾以 7.1 亿元收购了时尚之旅酒店，并将其旗下"时尚之旅"酒店翻牌为锦江都城酒店。

酒店资讯

宜必思空间进化论——以用户扩圈刷新经济型酒店溢价水平

任务拓展训练

酒店品牌知多少？

以下品牌标识为LTI公布的2021全球最佳奢华酒店品牌前12榜单，你能说出各个品牌名吗？

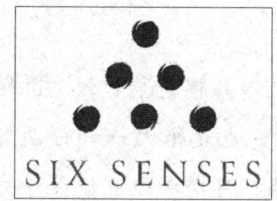

1. _____

2. _____

3. _____

4. _____

5. _____

6. _____

7. _____

8. _____

9. _____

10. _____

11. _____

12. _____

第三节　酒店品牌的作用及意义

▍任务描述

作为一种更高层级的竞争方式，品牌竞争使酒店业加速进入品牌竞争时代。品牌成为酒店在激烈的市场竞争中获取更大竞争优势的重要因素，也是很大一部分消费者选择酒店产品时的一个重要参照标准。如果两家酒店在价格、环境和地理位置等方面都相差不大，那么大多数顾客会选择自己较为熟悉的品牌。因此，不管是对于消费者，还是对于酒店，品牌都有着重要作用和重大意义。

▍任务目标

· 理解品牌对于消费者的作用

· 理解品牌对于酒店的作用

· 理解品牌的意义

▍任务资讯

一、品牌对于消费者的作用

1. 快速识别酒店产品

不同的酒店品牌具有不同的特色和形象，不同的顾客在订购酒店之前也会对酒店品牌产品的价格、提供的服务等形成不同的心理预期。比如，商务旅游者大多会选择"福朋喜来登""皇冠假日"等商务型酒店，普通自费旅游者和学生群体大多会选择"锦江之星""如家"等经济型酒店。因此，定位清晰准确的品牌能帮助消费者快速识别判定酒店的类型和档次，及时做出购买决策，从而大大降低选购酒店成本，节省时间和精力。

2. 降低风险

消费者入住酒店，都想住得放心、安心、省心。当自己无法判断某一酒店产品质量好坏的时候，根据品牌来选择酒店是个不错的选择。品牌酒店的背后有一整套过硬的实力支撑，知名酒店会小心翼翼地维护其品牌的品质和声誉，选择信誉度好的酒店品牌可以帮助消费者大幅降低决策风险。这就是人们为什么一般宁肯选择名声响，哪怕收费高的大医院去寻医问诊的缘由。

二、品牌对于酒店的作用

1. 保值增值

品牌是酒店无形资产的重要组成部分，有助于酒店形象、商誉等无形资产以及有形资产的保值。同时，酒店还可以品牌为载体，利用品牌强大的竞争功能在市场上通过并购、融资等方式实现社会资源向自身集聚，带动酒店更好运转，促进有形资产和无形资产之间的良性互动，最终实现增值效果。

例如，2015年万豪集团宣布以122亿美元收购喜达屋，万豪自此成了全球最大的酒店集团。此次收购被业界称为"酒店航母再起航"，而以酒店品牌为载体的收购为万豪这个超级酒店集团的诞生提供了有力筹码。可见，品牌是确保酒店资本保值增值的重要途径。

2. 维权保护

品牌享有知识产权，通过注册专利和商标，品牌可以受到法律的保护。酒店在必要的情况下，可以利用法律武器来防止和打击品牌假冒或抄袭行为。

2017年4月，"如家"商标权人和美酒店管理（上海）有限公司发现吴江汾湖的一家"如家宾馆"未经允许擅自使用了"如家"商标，遂将它告上法庭。后经法院裁决，判令"汾湖如家宾馆"赔偿经济损失及合理费用3.3万元，并承担全部诉讼费用。

3. 促进销售

业内流传这样一句话"营销让推销下岗，品牌让营销下岗"，意思是说，品牌能够让销售变得更容易。酒店品牌的促销作用主要表现在两方面：一方面，由于酒店品牌代表着不同的服务特色和品质，更能引起顾客的注意，吸引顾客按照品牌来选择产品，以达到扩大产品销售的目的；另一方面，由于顾客往往依照品牌选择酒店产品或服务，酒店便会更加关心品牌的声誉，并不断创新服务产品，加强质量管理，树立良好的企业形象，从而使品牌经营走上良性循环的轨道。

4. 展示形象

酒店的企业形象是社会公众对酒店的整体印象和评价，具有综合性与无形性等特征。酒店之间的竞争无处不在，包括酒店企业形象层面的竞争。酒店的企业形象必须借助于有形的物质载体传递给目标市场，如酒店的建筑物、设施设备、员工等。但这些载体仅仅对有机会接触酒店的顾客有效，对没有机会接触酒店的顾客来说，品牌就是酒店的企业形象。因此，好的酒店品牌可以很好地传播酒店产品与企业形象的信息，更好地展示酒店的形象。

5. 扩张市场

美国品牌价值协会主席拉里·莱特说："拥有市场比拥有工厂更为重要，而拥有市场的唯一途径，正是拥有具备竞争力的品牌。"[1] 酒店借助业已成功的品牌在顾客心目中形成的良好形象和声誉、口碑等，继续沿用该品牌名称用于新产品的开发。顾客和公众出于对成功品牌的信任与偏好，会把品牌信任延伸到新产品，使得品牌对市场的影响力和支配力持久延续，从而增加市场份额。

例如，雅高集团面向豪华、中档、经济型等不同的酒店细分市场，在 Accor 品牌下延伸出豪华型品牌索菲特、商务型品牌诺富特、中档品牌美居和经济型品牌宜必思等多个品牌，实现了酒店产品的多元化。

三、品牌的意义

1. 展现酒店生命力

无论是国内或国际的知名酒店品牌，大都要经历十余年、数十年甚至上百年的打磨和沉淀，才能在业界获得良好的口碑。所以说，品牌就是一个酒店生命力的最好展现。

2. 提升酒店竞争力

品牌是酒店提升市场竞争力的关键要素。对于酒店来说，品牌意味着高附加值、高利润、高市场占有率。好的品牌可以为酒店带来高的销售额，可以让酒店产品或服务更有竞争力。

3. 增强酒店可靠性

品牌与服务质量、酒店信誉等紧密相连，它代表着酒店所承诺的产品质量和服务

---

[1] 罗宇. 把品牌做大 [M]. 北京：人民邮电出版社，2007.

水准，左右着酒店的形象和市场的评价，决定着酒店能否吸引相对稳定的客户群。因此，对于酒店来说，好的品牌意味着可靠的利益。

酒店资讯

citizenM 计划在元宇宙中建造虚拟酒店

任务拓展训练

酒店品牌——集团连连看

以下品牌标识为著名酒店集团——万豪、希尔顿、洲际的旗下品牌，你能说出它们的名字，并正确地对其进行集团划分吗？

- 属于万豪集团的有：_____
- 属于希尔顿集团的有：_____
- 属于洲际集团的有：_____

第四节　酒店品牌的价值

任务描述

　　旅游饭店企业在经过前几年市场变化所带来的阵痛与磨合期后，陆续完成了转型升级。随着酒店经营进入品牌竞争时代，品牌已经成为酒店在市场竞争中赢得优势地位的关键因素。所以，认识了解酒店品牌的价值对酒店长远经营至关重要。品牌价值是品牌管理要素中最为核心的部分，也是区别于同类竞争品牌的重要标志。

任务目标

- 理解酒店品牌对于顾客的价值
- 理解酒店品牌对于酒店的价值
- 掌握酒店品牌核心价值的内涵

任务资讯

一、为顾客带来的价值

　　对顾客来说，酒店品牌价值主要包括功能性价值、情感性价值以及象征性价值。

1. 功能性价值

　　功能性价值是指酒店产品带给顾客的真实感受，或者说是顾客所感受到的酒店服务，包括酒店产品的住宿功能、商务功能、娱乐功能等，具体来说还包括顾客品尝到的食物口味、感受到的酒店环境、体会到的服务态度等。功能性价值是酒店品牌立足的基石，没有功能性价值为基础，酒店品牌只能是空中楼阁。酒店应重视提升品牌的功能性价值，好的酒店品牌能让顾客产生不一样的使用体验。比如，顾客在入住不同的酒店时，心理上可能会觉得品牌酒店的床更加舒服一些，这其实只是因为品牌创造了美好体验、优化了产品表现而已。

2. 情感性价值

情感性价值主要是指酒店品牌所体现出的情感内涵和人文关怀，如真情、关爱、友谊、温暖等。品牌的情感性价值让冷冰冰的酒店产品变得有血有肉，赋予了酒店产品一定的情感感染力，使顾客拥有一段美好的情感体验。

比如获得了2020年度创新生活方式品牌荣誉的IU酒店，坚持为年轻人提供"玩即正义"的互动社交体验，以酷玩、酷炫、酷爱的基因文化为理念，IU酒店的公共区分别设置了休息区、游戏互动区、文创区等，将出行与娱乐、社交、电竞、潮玩等主题融合为一体，为同样爱玩、会玩的人提供了社交型、互动型的情感体验。

3. 象征性价值

象征性价值主要诠释酒店品牌所蕴含的价值观、审美品位、身份地位等。酒店品牌经过多年的发展，能积累独特的个性和丰富的内涵，而顾客可以通过入住与自己个性气质相吻合的酒店品牌来展现自我。丽思·卡尔顿作为全球首屈一指的奢华酒店品牌，被称为"世界的屋顶"，不管在哪个城市，只要有丽思·卡尔顿酒店，一定是国家政要和社会名流下榻的首选，因为入住丽思·卡尔顿酒店，就代表着"高贵"的身份。

| 酒店资讯

　　iu酒店——投资人喜欢的"轻中端"酒店，到底是什么样子？

二、为酒店带来的价值

酒店品牌为顾客提供价值的同时，也在通过更多渠道为酒店创造更大价值。酒店品牌为酒店带来的价值主要体现在以下几个方面：

（一）酒店经营管理的角度

1. 提升顾客忠诚度，增加利润价值

这一点在连锁酒店体现得更加明显。如果顾客入住某一家品牌酒店的体验非常好，那么不管他去哪座城市，应该都会优先考虑入住该品牌的酒店。因此，优秀的品牌有助于促使顾客重复购买酒店产品，增加酒店产品的市场份额，促进酒店营销计划的实现，提高企业盈利水平，在提升顾客忠诚度的同时也给酒店带来巨大的经济收益。就像希尔顿饭店集团的创始人康莱德·希尔顿所说的那样，只要每年有十分之一的老顾客光顾，酒店就会永远客满。

2. 占领细分市场，扩大市场价值

酒店一般都是根据自身的市场定位来建立相应的品牌，并通过品牌更好地占领相应的细分市场。如 iu 酒店将市场定位在"年轻化"上，因此它的品牌设计就更加注重年轻消费群体的个性化需求，并逐渐成为大多年轻人都会选择的酒店。而丽思·卡尔顿酒店瞄准的是高端顾客群体，因此它的品牌就侧重于高档奢华，并成了大多成功人士都会选择的酒店。

3. 强化员工认同感，创造经济价值

认同感有没有高度的一致性，决定了酒店有没有高度的收益性。在丽思·卡尔顿酒店，员工对自家的酒店品牌就具有十分高的认同感。丽思·卡尔顿有这样一条服务宗旨，"我们以绅士淑女的态度为绅士淑女们忠诚服务"，意思是说酒店的员工和来店的顾客一样，都是绅士淑女，所以员工应该以绅士淑女的态度来做好服务工作。丽思·卡尔顿所营造的这种员工与顾客之间"对等的关系"与"互敬的气氛"，使丽思的员工能够从服务工作中得到快乐与成就感，同样也是员工由衷服务顾客的关键。

（二）酒店财务的角度

从财务核算的角度看，品牌价值的估值是一个复杂的技术问题。一般来说，品牌价值是指品牌在某一个时间节点，用类似有形资产评估的方法计算出来的金额，一般指的是市场价格，具体包括品牌名称的价值、相关的营销知识产权和名称上的"商誉"。把所有的统计数据结合起来，便大体能够得出酒店的品牌价值。

例如，全球知名品牌价值咨询公司 Brand Finance 对一系列酒店品牌进行了价值评估，并发布了《2021 年全球酒店品牌价值 50 强》报告。从评估报告中可以看到，中国上榜单的酒店品牌有 4 家，分别是排名第 6 的香格里拉、排名第 21 的锦江、排

名第 28 的汉庭中国和排名第 42 的全季酒店。[①]

三、品牌核心价值

品牌核心价值是指酒店品牌与品牌之间为顾客塑造得与众不同的、别具一格的思想价值观。品牌核心价值是酒店品牌之间的思想差异化所在,每家酒店品牌为顾客解决的"痛点"均有所不同,而品牌核心价值也恰好区分了品牌与品牌之间所提供给顾客不同的利益价值观。

例如,丽思·卡尔顿酒店品牌的核心价值是"真诚关怀",如家酒店品牌的核心价值是工作与旅途中可信任的"家",锦江酒店品牌的核心价值是"人和锦江,礼传天下"。

提炼品牌核心价值是一个深奥的战略问题,并无准则可言,企业要想提炼出精准的品牌核心价值,必须做好深入细致的市场调研,了解行业的发展趋势以及竞争对手的发展情况,最重要的是要洞察顾客的内心,为顾客提供细致入微的服务。

任务拓展训练

探秘文华东方酒店

创立于 1963 年的文华东方酒店集团(Mandarin Oriental Hotel Group),是全球著名豪华酒店集团之一,旗下拥有的豪华酒店及度假村遍布世界各知名旅游区,其中大部分酒店分布于亚洲,而且该酒店的旗舰店就位于香港岛的遮打道。其超凡品位,高雅气质,时尚之美以及"亚洲气派风范",也是众多好莱坞、华人明星的钟爱。人们称它为"东方世外桃源"。

---

① 数据来源:https://brandfinance.com/

文华东方是一家不断见证传奇，越发优雅迷人，独具低调内敛东方气质的酒店。时间赋予文华东方的内涵在当下浮躁的社会越发珍贵，正因如此，仅凭一把扇子（Fan）为品牌LOGO，文华东方就吸引了数十位名人成为其忠实拥趸（Fans），向宾客展现了东方的极致优雅，是最具东方神韵的奢华酒店品牌。

请你搜集相关整料深入了解文华东方酒店品牌，挖掘其酒店特色与品牌核心价值。

1. 文华东方酒店的特色是什么？

2. 文华东方酒店的品牌价值是什么？

项目思考题

1. 请根据自己的理解阐述品牌的内涵。
2. 酒店为何要建设品牌？
3. 品牌对于酒店和顾客来说分别具有哪些重要作用？
4. 从顾客角度出发，酒店品牌能够给顾客带来什么价值？

任务拓展训练答案集锦

任务一

任务二

任务三

任务四

项目拓展训练

中外知名酒店集团品牌建设历程——锦江酒店与洲际酒店集团

一、锦江酒店

锦江酒店是目前中国连锁酒店最大的一家。2019年，公司门店数高达8600余家，客房数高达87万余间，其酒店体量约是第2名的华住集团酒店与第3名首旅集团酒店的体量之和。从全球来看，锦江酒店的规模排名全球第二，仅次于万豪国际酒店集团。

"锦江"是具有80多年历史的中国民族品牌，曾获中国驰名商标、中国商标金奖、上海市著名商标，集团注册资本为20亿元。早在1929年，锦江酒店的前身——锦江饭店就已落成。锦江品牌创始人是我国著名民主爱国人士、早期女企业家——董竹君，新中国成立前她在上海开办了锦江川菜馆和锦江茶室，新中国成立后又在锦江两店基础上，创立了上海第一家可以接待国宾的锦江饭店。

她曾说过："我从不因被曲解而改变初衷，不因被冷落而怀疑信念，也不因年迈而放慢脚步。"这正体现了锦江集团不断发展壮大的拼搏精神。

回顾锦江集团发展历史，从1993年成立发展至今，在20多年的时间里进行了多次变革，大体上分为三个重要阶段。

第一阶段是从1993年到2010年。锦江集团成立于1993年并于1996年在上交所上市，是中国最大的酒店集团，也是国内饭店首个输出管理的酒店品牌。在2010年以前，锦江酒店的主营业务是星级饭店和餐饮食品，酒店业务拥有新亚大酒店、建国宾馆等星级饭店，餐饮业务拥有吉野家、肯德基等著名品牌。

第二阶段是从2010年至2015年。在这一阶段，公司将星级酒店业务如新亚大酒店、建国宾馆等全部置出，并置入了锦江之星、达华宾馆等经济型酒店业务，但此时公司的酒店业务定位在中低端。经济型酒店面临严重的成本上涨压力，盈利能力不强，需要向中高端酒店转型升级。

第三阶段即2015年至今。在2015年至2016年，公司耗费约240亿元资金，先后并购了法国卢浮酒店集团、铂涛酒店集团及维也纳酒店等，主打领域由经济型酒店转变为中高端酒店，一举成为中国中高端酒店市场领导者，未来还将重点拓展中高端酒店品牌。在大幅并购下，公司酒店规模也迅速扩大，酒店版图扩张到国外，锦江国际化进程也是中国酒店业最快的。

公司经过3次并购后，形成了四大系列酒店品牌：

第一是卢浮系：卢浮酒店为欧洲第二大酒店集团，在全球46个国家拥有超过1000家酒店，为公司海外品牌的主力。

第二是锦江系：其主要包含锦江之星、锦江都城等品牌，以中低端经济型酒店为主，发展速度相对一般。

第三是维也纳系：该系曾七年蝉联中国连锁酒店中端品牌规模第一，装修风格偏向欧陆风格，在二、三线城市市场中拓展顺利。

第四是铂涛系：该系拥有7天酒店等经济型酒店品牌，以及丽枫、喆·啡等中高端酒店品牌；铂涛系为仅次于维也纳酒店、全季酒店的第三大规模的中端酒店品牌。

2020年5月，上海锦江集团完成了重大组织调整，将锦江都城酒店管理公司、维也纳酒店集团与铂涛集团三家公司合并为一个体系，撤销三家公司管理体系，成立锦江酒店中国区，确定了公司以品牌为导向，后台职能整合共享。锦江酒店中国区公司的成立，是锦江国际集团应对新冠肺炎疫情和全球大势变化推进"深耕国内、全球布局、跨国经营"战略的重要举措。

江湖上一直流传"天大地大，到处是锦江"这句话，事实也确实如此，在回顾完锦江国际集团发展的三个阶段，不难发现锦江酒店的成功秘诀正在于该集团酒店品牌的多元化，"齐全的酒店品牌矩阵"可以满足差异化需求、有利于品牌异地扩张、品牌间也可以相互导流，还可以共享后台中心，摊薄固定成本。因此酒店品牌多元化使锦江发展如此壮大，并大幅提升了锦江酒店的扩张潜力。

我国现在已经发展成了酒店业大国，但是还不能算是酒店业的强国，在成长为酒店业强国的道路上我国酒店发展还有许多值得向国外酒店集团学习借鉴之处。接下来本书还将介绍一家拥有几百年历史的著名国际酒店集团——洲际酒店集团。

二、洲际酒店集团

洲际酒店集团是全球领先的国际酒店集团，它的总部位于英国，在全球拥有15个闻名遐迩的酒店品牌。旗下拥有管理、出租或托管的酒店5900余家，883563间客房，品牌遍布全球100余个国家，并且还有1918家酒店在建。

洲际酒店创立于1946年，当时的泛美航空认为其航班不少目的地欠缺高素质的酒店，于是在巴西Belem开设了首家酒店Hotel Grande。

1952年，美国人凯蒙斯·威尔逊（Kemmons Wilson）首次创建"假日客栈"，成立了美国假日酒店集团。

1984年，随着第一家假日酒店在北京开业，洲际酒店集团成为最早进入中国市场的国际酒店集团之一。

20世纪90年代英国啤酒制造商巴斯（Bass）全盘接收假日饭店，1998年巴斯以29亿美元从日本Saison集团手中收购了洲际饭店集团及其187家单店。

2000年斥资1.28亿英镑，巴斯获得Hale国际有限公司属下59家饭店经营管理权，并花费8.1亿英镑吞并英国波斯特豪斯（Posthouse）集团的79家饭店。

2001年，巴斯集团出售酿酒业务，公司更名为六洲酒店集团，在全球的利润额近8亿英镑。其中，假日是当时全球最大的单一饭店品牌。

2003年，六洲酒店集团将其酒店和软饮业务分离，酒店这一部分独立成为洲际酒店集团。

2009年，作为洲际酒店集团全球发展最快的市场，大中华区成为独立业务单位，直接向集团伦敦总部汇报。

2013年，奢华典雅的上海瑞金洲际酒店开业，该酒店是洲际在中国地区的首家历史经典酒店。同年，洲际酒店集团欢庆大中华区200家酒店开业。

2016年，洲际酒店集团的全球第5000家酒店——纽约东城英迪格酒店盛大开业。

2017年，张家口容辰华邑酒店开业，标志着洲际酒店集团在华开业酒店达到300家。

2019年，洲际酒店集团庆祝在华35周年，开业酒店超过400家。

从0家到100家，洲际酒店集团在大中华区用时24年；从100家到200家用时5年；从200家到300家用时4年，而从300家到400家仅用时2年。

由此可见，洲际酒店集团大中华区的奔跑速度越来越快，目前，大中华区已经成长为洲际酒店集团的全球第二大市场。

自1984年至今已有36年的历史。"本土化战略"是洲际在中国市场上最亮眼、最成功的秘籍，具体包括品牌的本土化、服务的本土化和人才的本土化。在品牌的本土化中，洲际除了在引入品牌的过程中针对中国消费者的习惯进行本土化改造，还在中国市场推出全球首个专为中国消费者量身打造的国际高端酒店品牌——华邑酒店及度假村。

作为最早入华的国际品牌，洲际在保持高速扩张的同时仍然不忘品质初心，在近年来也不断将特许经营模式引入中国，2020年8月，洲际酒店集团宣布大中华区第100家特许经营酒店开业，这种模式使业主和投资人结合自身优势，发挥了最大经营效益。未来，洲际酒店集团将继续探索和优化适合本土市场的特许经营模式，真正做到"想业主所想，忧业主所忧"，成为与业主互相成就的战略伙伴，并在特许经营模式的助力下稳打稳扎，与中国酒店业共谋高质量发展。①

锦江集团推文链接　　　　洲际酒店推文链接

请思考：如何探索和优化适合本土市场的特许经营模式？

项目实训

认识酒店品牌

【实训内容】

1. 查阅相关资料，了解认识不同地域、不同档次、不同类型的酒店品牌，并进行归纳总结。

2. 根据所了解的品牌酒店，选择一家最喜欢的酒店并说明原因。

【实训成果】

1. 汇总并撰写所收集的不同划分标准下相关酒店品牌汇集文稿。

2. 以小组为单位介绍所选品牌酒店，可采用PPT汇报或视频展示的形式。

【实训计划】

1. 确定组内角色及分工

组长：_____　　　　任务：_____

组员1：_____　　　　任务：_____

组员2：_____　　　　任务：_____

组员3：_____　　　　任务：_____

---

① 来源：酒店精品 Hotelelitemag 微信公众号 https://mp.weixin.qq.com/s/ZzT6zZhFLKe28aaY8PHpLw

2. 查阅资料，归纳整理

（1）你们组主要是了解了哪一地域的酒店品牌？

（2）这一地域的酒店品牌主要涉及哪些档次与类型？

（3）在这一地域中你们组最喜欢的酒店品牌是什么？请写出原因。

3. 请在横线处写出你们组所收集的不同划分标准下相关酒店品牌，并在线框内粘贴相关照片

4. 完成文稿，并上传至线上学习平台

（1）相关酒店品牌汇集文稿

（2）所选酒店品牌介绍 PPT 或视频

项目笔记

项目评价

活动	评分标准	自我评价	小组评价	教师评价
任务拓展训练 （20分）	任务一拓展训练，答对全部记5分			
	任务二拓展训练，答对全部记5分			
	任务三拓展训练，答对全部记5分			
	任务四拓展训练，答对全部记5分			
项目完成过程 （40分）	能正确理解任务资讯的相关内容（5分）			
	能获取相关行业、酒店资讯（5分）			
	通过小组讨论与自学，利用信息化教学资源、互联网等完成活页（5分）			
	认真思考，积极动手、动脑（5分）			
	能很好地展示活动成果（10分）			
	积极参与小组合作与交流，配合默契，互帮互助（10分）			

续表

活动	评分标准	自我评价	小组评价	教师评价
实训作品效果（40分）	文稿美观，要素完整（10分）			
	表达流畅清晰（10分）			
	文稿内容无专业错误，客观真实（10分）			
	整体效果（10分）			
合计				
自我评价与总结				
教师点评				

第二章
分析品牌生长之境

"橘生淮南则为橘,生于淮北则为枳",不同的土壤环境适合于不同的树种生长。要培育出酒店品牌之"树",不仅需要精心选"种",更需选好适宜的生长环境。不同的种苗对生长环境有着不同的要求,酒店品牌之"种"同样也需要一片适合自身发展的市场环境。酒店应针对所处的市场环境来树立正确的发展理念、梳理合理的发展思路、制定科学的发展对策,认真把握发展机遇,灵活应对风险挑战,才能让酒店品牌之"种"在充满机遇与挑战的市场"土壤"中茁壮成长为"参天大树"。

项目导航

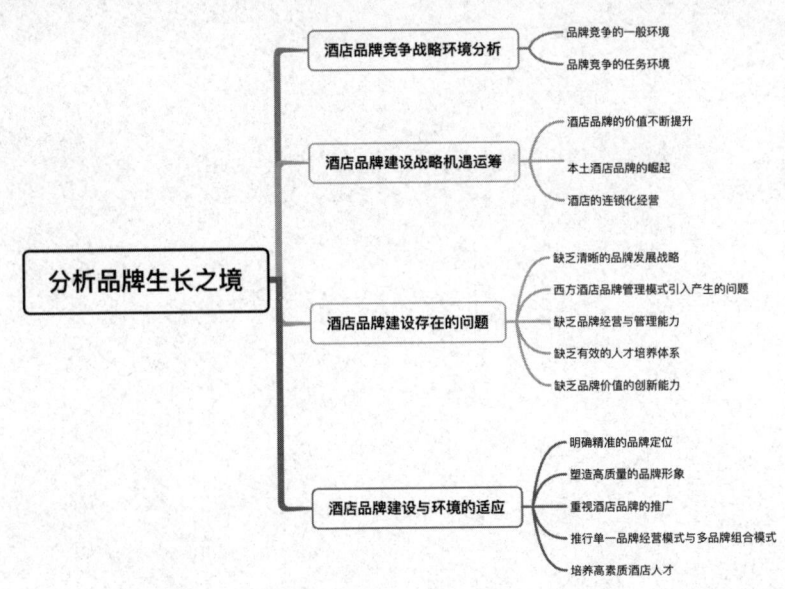

项目目标

知识目标：
①了解酒店品牌竞争战略环境类型
②分析酒店品牌建设战略机遇与问题
③理解酒店品牌竞争战略环境的价值

实践目标：
①能基于对酒店品牌建设战略环境的理解，分析品牌建设的机遇与风险
②能够结合本章节的知识，总结品牌酒店适应战略环境变化的具体措施

行业资讯

近几年，在新冠肺炎疫情的冲击和国内经济下行压力陡增等大背景下，酒店业正经历着前所未有的挑战，酒店发展形势更加严峻，酒店品牌竞争更加剧烈。总的来看，当下的酒店市场环境呈现出以下几种趋势[①]：

1. 国内品牌的崛起与国际品牌的长青

美国酒店权威杂志《HOTELS》公布的"全球酒店325强"中，居于前50位的国内酒店有锦江、华住、首旅如家等，他们或通过自主开发，或通过收购整合，拥有了自己的高星酒店品牌，如锦江的昆仑、丽笙，华住的禧玥、花间堂等。面对国内酒店的强势冲击，国际高星酒店集团大都发展平稳，而这与它们长期形成的得天独厚的品牌优势是分不开的。万豪国际集团2021年Q1最新财报显示，即便在新冠肺炎疫情如此严峻的形势下，中国的客房入住率也达到了66%，与2019年3月几乎持平。如此亮眼的业绩表现既得益于庞大的中国休闲游客与商旅散客市场，也得益于万豪国际集团构建的庞大会员体系，更得益于它始终坚持着的以"品牌+目的地"为主的发展策略。万豪国际集团能够根据市场的发展趋势和实时变化来主动调整市场布局和发展方向，以更好地满足消费者的需求，这也保证了它在当前的形势下依然保持着强劲的发展势头。目前，万豪国际集团在中国近100个城市中成功运营着400余家酒店，涵盖了24个酒店品牌，其中高端及奢华品牌的占比达到了70%。

2. 疫情催生新行为习惯，推动高星级酒店创新

新冠肺炎疫情暴发以后，移动互联网在人们生活中的普及率和渗透率越来越高，

---

① 来源：酒店高参官网 http://www.hoteln.cn/

特别是随着各种"SaaS+数字化营销服务"解决方法的广泛应用，如酒店直播带货销售、社交化营销，以及物联网、5G 的普及，国内以非接触式为主的社交成为一种新的生活方式。万豪国际集团及时发现这一变化，主动调整升级各类旅游产品并优化服务流程，如专为千禧一代打造了 Moxy 酒店，充分迎合了年青一代的喜好，同时还开设了专属抖音账号，与年轻消费群体进行更贴近时代潮流的社交互动。集团旗下的酒店在疫情期间推出了线上直播，如 W 酒店组织了云上 party，万豪旅享家精心打造了"豪味"私房课系列直播等，这些酒店社交平台也很好地建立了与消费者的连接和互动。此外，万豪国际还推出了诸如微信小程序预订、"万豪旅享家"App 办理酒店入住和退房等方式，增强了消费者的数字化体验，节省了消费者的个人时间。

3. 中国消费新格局日益年轻化、高端化

随着中国消费市场的拓展和总体消费能力的提升，很多国际酒店都选择在中国加大布局力度。例如，万豪国际计划于 2022 年在四川省九寨沟建成中国首家 The Ritz-Carlton Reserve，这也意味着中国即将成为万豪国际亚太区首个集齐集团旗下所有奢华酒店品牌的市场。同时，对于 Z 时代的中国年轻消费者来说，奢华酒店品牌不仅要能够传承经典，更要能够表达个性化的品牌主张并建立起与消费者的情感连接。基于此，万豪国际在中国大陆地区加码布局更适合年轻消费者的酒店品牌，包括在长沙和厦门等地相继开业的 W 酒店，位于海棠湾、澳门和重庆的 3 家已签约的 W 酒店项目，以及即将在上海开业的大陆首家专为"千禧一代"打造的 LIfe-Style 品牌 Moxy 酒店等。由此可以看出，国际酒店品牌在为迎接日益年轻化、高端化的中国消费群体方面已经做好了准备。

资讯启示：

总而言之，随着经济业态的日益多元、消费需求的不断更迭，以及市场竞争的越发激烈，酒店集团唯有时刻保持对中国市场变化趋势的极高敏锐度，及时制定并坚决执行科学合理的品牌发展策略，酒店品牌才能真正在这片充满挑战与机遇的土地上生根发芽、开花结果。

那么，酒店集团在品牌建设过程中如何适时根据外部环境变化来实现自我发展呢？本章节内容将为你揭开酒店品牌竞争战略环境分析的面纱。

第一节　酒店品牌竞争战略环境分析

▍任务描述

　　战略管理理论认为，一个产业的竞争环境和整体吸引力是企业战略的两大重要因素。同样地，酒店品牌的发展也深受这两大因素的影响。在全球化趋势下，市场环境的变化呈现出诸多前所未有的新特点，酒店如何实现可持续发展，使自身的品牌价值始终能够在酒店竞争之林中屹立不倒，如何为自身源源不断地注入新能量、不断提升自身的竞争力，这是酒店管理者始终要考虑的首要问题。这就要求酒店管理者在推进酒店品牌建设过程中必须时刻关注外部战略环境的变化，因势利导地推进酒店品牌建设。

▍任务目标

- 理解品牌竞争的一般环境、任务环境的含义
- 知晓品牌竞争的一般环境与任务环境所包含的内容

▍任务资讯

一、品牌竞争的一般环境

　　品牌竞争环境主要分为一般环境与任务环境。一般环境通常包括政治与法律环境、经济与技术环境以及文化环境。

1. 政治与法律环境

　　稳定的政治与健全的法律环境是酒店创建好、经营好、发展好酒店品牌的基本前提。政治与法律环境主要涉及国家政治体制、政治的稳定性、政府对外来经营者的态度以及法律环境四个方面。中国酒店的兴起以及中国酒店品牌的建设是我国经济发展的必然，也是庞大消费市场的需要，得到了各级政府的大力支持。近些年来，我国相继出台了一些法律法规和政策规定对酒店行业的发展给予支持和保护，可以说我国的

政治法律和政策环境是十分有利于酒店品牌建设的。

2. 经济与技术环境

经济与技术环境主要包含经济体制与经济政策、经济发展水平与发展潜力、市场规模及其准入程度、科技发展水平以及公共基础设施建设这五个方面。近些年来，我国经济体制改革日趋完善、经济发展动能比较强劲、科技发展日新月异、基础设施建设力度空前，这些都为中国酒店业的品牌发展带来了较好的经济与技术环境。面对国际知名酒店品牌的竞争，中国酒店应充分利用本土优势，利用好国内良好的经济与技术环境，整合各类资源，提升管理水平，努力建设强而有力的酒店品牌，这样才能保证在激烈的市场竞争中无往而不胜。

3. 文化环境

文化环境通常是指酒店所在的国家或地区中人们的处事态度、价值取向、道德行为准则、教育程度以及风俗习惯等所构成的环境，其主要包括文化认知、文化传播、文化导向以及文化管理四个方面。建立与经营一个酒店品牌必须充分考虑酒店所在地的文化环境，主动融入其中并与之有机结合，推出既有酒店自身品牌特色又有当地文化特点的酒店品牌产品，这样才能打造出更有活力、更富魅力、更具竞争力的酒店。例如，安吉悦榕庄度假酒店将环保意识融入浪漫旅行，在主楼建筑结构已经定型的情况下，打造出传统与现代充分融合的度假酒店。酒店的设计与自然环境浑然一体，并充分考虑当地的民众、文化、技艺等多种因素，把安吉的白茶和竹编技艺都设计进来，拥抱当地文化，营造出浓郁的文化环境，与社区利益共享、分享成功。

二、品牌竞争的任务环境

品牌竞争的任务环境是指对企业生产经营活动影响最为直接的外部环境。周三多认为，在一个行业中，存在着五种基本的竞争力量，即供应商、销售商、购买者、竞争对手和劳动力。这五种竞争力量的整体情况及综合强度，很大程度上决定着行业内部竞争的强度和最终获利能力。

1. 供应商

酒店作为一个社会的公众产业，是一个社会的系统工程，酒店业的上、下游的产业链，是否良性运行和循环也就至关重要，而这些上下游的产业链就包括酒店长期合作的供应商。因此，酒店与供应商之间应建立利益平衡点和平等的合作关系，促进双方资源整合，从而实现跨界营销。当然，利益合作关系的建立也会带来一些风险和挑战。例如，在新冠肺炎疫情冲击下，酒店产品的供应也受到了很多限制，食品食材的检验检疫标准更加严格，物流成本有所增加，供应的时效性偶尔得不到保证等。

2. 销售商

当今的酒店品牌选择销售商的途径更为多元，不同的酒店可以根据自身的特点来选择不同的分销渠道，结合酒店产品的品牌特色进行产品的销售。中国旅游酒店传统的销售渠道，主要包括旅行社、订房中心、人员销售（特别是对政府和企业等大客户的销售）和宾客直接预订。而对于高星级酒店和酒店连锁集团的成员来说，酒店集团中央预订系统 GRS 和全球分销系统 GDS 也能带来相当多的国外客源。同时，互联网的分销渠道也已十分丰富，大部分酒店建立了线上的产品营销体系，利用发达的网络平台来营销自己的产品和服务，如携程、去哪儿、美团、飞猪等比较成熟的 App 都具备了酒店产品销售的功能。

3. 购买者

品牌是"身份"的象征，最能体现购买或使用酒店产品的是哪一种类型的顾客，也最能体现购买者的身份、地位、情感和喜好，这也是购买者追求和购买品牌产品和服务的原因。购买者对于酒店品牌所传递出来的个性化信息十分敏感，对有别于传统酒店样式并充分体现个性化的产品和服务更为感兴趣、需求更为迫切。他们在关注酒店产品自身的同时，也更加注重品牌使用时的切身感受。酒店可以利用现有品牌的知名度实施同一品牌策略，带动酒店的新产品进入新市场，或者利用现有品牌业已形成的购买者市场带动新产品快速打入市场，以最大限度地留住原有的购买者、吸引新的购买者。

4. 竞争对手

每一个酒店品牌都有竞争对手。现代意义上的酒店品牌已不仅仅指名称或商标这类浅层次的符号标志，更多的是指品牌背后所蕴藏的企业文化。现代意义上的酒店竞争也不再是单纯的价格、地段、服务等方面的竞争，而是酒店特色、文化底蕴等方面的竞争。因此，酒店必须通过积淀独有的文化底蕴、打造独特的品牌文化来塑造优质的品牌，并最终实现与竞争对手的差异化。近几年，很多偏远的民宿酒店都成了吸引大量宾客的网红店，经常有大量游客不惜从千里之外前去体验打卡，这些民宿酒店的特点就是具有城市酒店所不具有的民风民俗等小众特色。

5. 劳动力

品牌建设能否取得成功，人才是关键。当前，酒店的人力资源呈现出许多新特点,"80后""90后"成为酒店的主力军,少数"00后"也开始步入酒店工作岗位。这部分年轻员工年富力强、充满激情,但又普遍存在自我实现与整体目标、生活与工作相冲突的困惑,出现对酒店业的认识存在误区、高不成低不就、人员流动性大等现象。中国酒店业缺人员、缺人才尤其缺乏中高级经营管理人才和高素质服务人员,已经成为酒店品牌建设的重要制约因素。因此,酒店管理者必须要调整思路,在品牌建设和人才培养上要有新举措。品牌是体现酒店个性的,选择和培养相关人才,就要选择和培养适合酒店品牌特点的人才,员工的成长、境遇、表现都承载着品牌的内涵和性格。培训也应该成为品牌建设的一部分,从而帮助酒店在一定程度上解决目前存在的人力资源问题。

酒店资讯

焕新启程,华天精选酒店3.0版新品亮相2022湖南省旅博会

任务拓展训练

中瑞酒店管理学院举办的2021年酒店评论人才发展论坛上发布的《中国酒店人力资源现状调查报告》指出,酒店行业的人力资源市场在疫情的影响下发生了一些变化,如实习生、管培生数量上略有下降,本土酒店总经理成为主流。线上培训比例进一步上升,许多酒店拥有在线学习平台等。此外,酒店的人力资源市场也面临着许多挑战,例如,招聘难度进一步升级,酒店行业人才供不应求等①。

---

① 来源:迈点官网 https://www.meadin.com/yj/222563.html

作为以后的酒店从业者，请你思考：在酒店工作你希望企业可以提供给你什么？这样你才会忠诚于酒店，请将答案发送至线上学习平台的讨论区积极与教师和企业相关人员交流。

第二节　酒店品牌建设战略机遇运筹

任务描述

狄更斯曾经说过，"这是最好的时代，也是最坏的时代"。待新冠肺炎疫情拐点来临之后，酒店业必将快速复苏并重新焕发生机，诸多优秀的酒店管理者已经敏锐地意识到了风险挑战中蕴藏的市场和机遇。对于整个酒店行业来说，也要好好把握时代机遇，持续提升自身实力，不断提供优质服务，努力打造优质品牌，用品牌力量赋能酒店新发展。

任务目标

- 明确目前酒店品牌建设所面临的机遇
- 依据机遇运筹相关品牌建设战略

任务资讯

一、酒店品牌的价值不断提升

我国现行的酒店星级标准是参照欧洲模式建立起来的一套更加适合中国酒店业的硬件与服务标准。酒店星级标准推行以来，对整个中国酒店业的正规化、规范化建设起到了巨大作用。但对于酒店来说，传统的行业标准更新较慢且固化僵化，无法满足瞬息万变的行业市场需求，有的酒店品牌甚至比传统意义上的星级划分更有价值和意义。中国酒店业经过数十年的发展，酒店业主和消费者也在一同成长，并且对酒店产品和品牌有着自己的认识，但都无一例外地认为酒店品牌需要百花齐放、多姿多彩。

近几年来，部分传统的星级酒店同质化严重、体验感雷同，越来越多的消费者开始以品牌选择酒店，不再仅仅依据星级做出消费判断。当星级酒店的经营开始走下坡路时，在一定程度上也意味着曾主导顾客选择的"星级"标准，已逐渐被酒店品牌的美誉度和影响力所代替，业主和消费者由"认星级"慢慢变成了"认品牌"，这使得"星级"标准的消亡恐将成为一种必然。在未来，只有具有鲜明精神内核的酒店品牌，才能成为业主和消费者心中真正的"星级"标准。

二、本土酒店品牌的崛起

作为起步较晚的一股力量，本土酒店品牌其实还是可以凭借深耕中国本土、熟悉国内市场以及拥有庞大体系等优势，在同国际酒店品牌的竞争中拥有同样甚至更多的话语权，甚至实现后来者居上。同时，本土酒店品牌不必要急于走向、走上世界舞台去竞技，把本土品牌在国内做强做优做大同样大有作为。例如，华住酒店立足国内，深入贯彻实施"千城万店"战略，到 2021 年 6 月已在国内拥有在营酒店 7004 家、客房 66.77 万间，待开业酒店 2734 家。

近几年来，国际豪华酒店在中国国内的扩张步伐有所放缓，陆续有国际酒店品牌陷入撤牌危机，这给了中国本土酒店品牌发力生长的空间和机会。未来随着新冠肺炎疫情形势向好，国际国内经济必将快速复苏，中国本土酒店或将实现"弯道超车"，争得更多与国际酒店品牌一比高低的机会。

三、酒店的连锁化经营

20 多年前，国内酒店陆续开启了连锁化进程。以如家、7 天、汉庭等酒店为代表的国内经济型酒店发展迅猛，在短短几年的时间里，就迅速扩张到上千家门店。到了 2010 年前后，以维也纳、全季等酒店为代表的国内中档酒店品牌也得到了井喷式发展，门店数量呈现出几何级增长。

近两年，在全球新冠肺炎疫情影响下，很多单体酒店由于抗风险、承压能力较弱等原因而选择停止营业。2020 年，被迫关门的酒店中约有 98% 是单体酒店。这也从侧面反映出，中大型的连锁酒店品牌具有较好的风险管控能力，能够最大化地降低投资者的投资风险。可以预见，未来单体酒店连锁化也将成为大趋势。

酒店资讯

开元酒店集团版图扩张迅猛

任务拓展训练

本土酒店品牌之我心目中的 TOP1

酒店行业权威媒体美国《HOTELS》杂志公布 2021 年"全球酒店 225"排行榜（HOTELS 225）。以下是按截至 2021 年 12 月 31 日各酒店集团房间数排序的全球前 100 大酒店集团，中国共有 23 家进入百强行列：

1. 锦江国际集团
2. 华住酒店集团
3. 首旅如家酒店集团
4. 格林酒店集团
5. 尚美生活集团
6. 东呈国际集团
7. 德胧集团
8. 住友酒店集团
9. 凤悦酒店及度假村
10. 金陵连锁酒店
11. 香格里拉酒店集团
12. 丽呈酒店
13. 君延酒店及度假村集团
14. 明宇商旅
15. 恭胜酒店集团
16. 绿地酒店旅游集团
17. 中旅集团
18. 雷迪森酒店集团
19. 瑞雅国际
20. 君澜酒店集团
21. 万达酒店及度假村
22. 安徽古井酒店发展股份有限公司
23. 珀林酒店集团

请你查阅相关资料了解这 23 个本土酒店品牌，从中选出一个你最喜欢的集团，深入了解其发展、扩张历程，并写下你从中获得的本土酒店品牌的建设经验。

1. 你心目中的 TOP1 是哪一个?

2. 你获得的建设经验有哪些?

第三节　酒店品牌建设存在的问题

▌任务描述

随着越来越多的本土酒店品牌强势崛起，越来越多的酒店品牌也暴露出一些问题。虽然国内外先进的、优秀的服务理念已经深入人心，但这些理念在具体服务过程中体现得却难尽如人意；虽然许多本土酒店的硬件设施优于国外的一些品牌酒店，但本土酒店品牌在服务等软件方面却很难找到教科书级别的案例。本节内容将集中分析讨论中国酒店品牌建设中存在的一些问题。

▌任务目标

- 明确酒店品牌建设存在的问题
- 挖掘建设问题背后的原因
- 依据建设问题思考提升策略

▌任务资讯

一、缺乏清晰的品牌发展战略

有一部分本土酒店品牌不很注重顶层设计，缺乏清晰的企业发展战略和基于企业发展战略的品牌发展战略，没有很好地基于自身的核心能力来确定品牌价值定位和制定差异化的品牌策略，企业的品牌建设也没能与企业核心竞争能力有机结合起来，造成品牌定位与核心能力脱节、品牌发展与企业发展错位，导致酒店品牌价值成长缓慢，很难创造出具有影响力的品牌价值。

当前，很多本土酒店的文化建设与品牌建设在组织管理层面也是脱节的，前者归人力资源部门或者行政部门管理，后者归市场部门管理；二者在经营层面也是脱节的，各说各话、各做各事，没有有效整合内在的价值基因，难以形成合力。其实，企业文化与企业品牌是同根同源的，只有内塑文化、外塑品牌，推动酒店文化与品牌的协同发展，才能实现酒店的持续发展。

二、西方酒店品牌管理模式引入产生的问题

西方酒店企业的品牌管理模式是在长期的品牌运营实践中积累起来的，有许多值得学习和借鉴的地方。但部分中国酒店企业不注重在酒店品牌建设理论、模式和方法上去动脑子、想办法，而一味地照搬照抄、简单地复制模仿西方酒店企业的品牌建设模式，难以形成具有中国酒店企业特色和资源优势的品牌建设模式。同时，简单复制西方酒店品牌的管理模式也会给本土酒店带来诸多"水土不服"的问题，主要体现在以下两个方面。

1. 高昂的管理成本

西方的品牌酒店大都具有先进、科学、完善的管理体系，管理流程非常顺畅，品牌效应十分明显。近些年来，随着越来越多的国际品牌酒店进入中国，越来越多的国内酒店开始与国际酒店品牌开展合作，二者在合作经营管理中的问题也慢慢暴露出来。单纯拿特许经营模式中的品牌使用费和管理合同模式中的管理费来说，这两项费用就非常高昂，巨额的管理成本使许多本土品牌酒店不堪重负。

2. 对管理合同的不同理解

对管理合同的不同理解是近些年造成酒店管理方和业主方长期存在矛盾问题的原因之一。西方酒店品牌起步比较早、管理日臻成熟，早已形成了相对规范的、制式的管理合同。本土酒店品牌在和西方酒店品牌开展合作时，往往对管理合同的条款缺乏全面细致地理解，有时管理方和业主方对某些条款的理解存在差异却彼此不知情，直到酒店开始经营并需要支付大笔管理费用时，酒店管理方才意识到问题所在，而业主方认为这是管理合同中早已明确且得到管理方认可的。

3. 不同的国情和市场机制

集团化管理作为国际品牌酒店的经验做法，其优势是不言而喻的。但集团化管理

引入国内酒店所带来的额外成本支出也是不可低估的。比如，酒店的计算机系统在筹建时往往采用集团统一的管理系统，但建成后人们会发现，只有英文的计算机系统在国内并不能完全适用。如果集团统一更换计算机及系统的话，又会给酒店造成巨大的浪费和损耗。

三、缺乏品牌经营与管理能力

目前，相当一部分中国酒店企业的品牌意识比较淡薄，品牌经营与管理的能力比较低，也没有一套稳定的品牌推广传播策略，有的酒店甚至长期处于无品牌管理战略、无品牌管理组织、无品牌管理制度、无品牌运营管理模式的"四无"状态。这样的酒店在品牌经营、管理过程中，品牌形象与品牌价值定位完全脱节，成了"两张皮"，难以形成个性鲜明的品牌形象，很难在客户心中留下深刻的品牌印记，也很难向客户清晰传递企业的品牌价值。

四、缺乏有效的人才培养体系

加入国际酒店品牌需要支付大量的管理费和人工费，因此很多国内酒店在决定与国际酒店品牌合作之初，并没有抱着长久合作的念头。大多数国内酒店只是希望通过引入国际酒店品牌，学习对方先进的管理经验，利用对方有经验的管理人才来为自己培养一批本土的酒店管理人才，待合作后酒店经营趋稳时，便由培养出来的本土管理人员来进行酒店的运营管理，通过人才本土化来降低人力资源成本。

近几年，国际酒店品牌在中国发展迅猛，逐渐从一线城市延伸到二、三线城市，而随着酒店数量的快速扩张，酒店管理人才的供求矛盾便暴露出来。有的刚刚被提升为部门经理便被外聘去其他酒店开业，有的直接从其他品牌酒店挖人才，未经过任何培训就直接委以重任。这些做法使管理人员的人工成本一再提高，同时，其他品牌酒店的管理人员大都沿袭或套用其在原品牌酒店工作时的管理思路和模式，从而使管理失去了针对性，甚至还可能导致管理水平的下降。

五、缺乏品牌价值的创新能力

当前，大部分行业同质化竞争的现象比较普遍，"内卷"情况比较严重，中国的酒店业也未能独善其身。酒店发展策略不明晰、管理能力偏低下、服务品质上不去，彼此之间你学我、我仿你，各个酒店都没有很好地建立起清晰明确的品牌定位和坚强有力的市场支撑，导致酒店业的产能过剩尤其是同质化产品过剩。拿经济型酒店来说，由于投入成本较低，兴起之初便吸引了很多投资扎堆进入，但时间一长，没有品牌支撑的经济型酒店便普遍出现了供过于求、同质化竞争与发展的现象。在营销层面，中国的酒店业也没有建立起一套良性的竞争机制，相当一部分酒店企业仍以广告战、价格战、促销战等同质化竞争为主，没有形成以差异化为主导的良性市场竞争态势，酒店的内生动力明显不足，可持续的健康发展还有很长的路要走。

酒店资讯

联盟碧桂园、牵手希尔顿背后：凤悦酒店及度假村如何在酒店管理领域突围？

任务拓展训练

闻香识酒店

酒店营销是围绕着顾客"转"的。在传统酒店营销中，为给顾客留下深刻的印象，酒店从业者往往更为强调装修的豪华、食物的精美和服务的高水准。然而，随着酒店业产品同质化现象的日益严重，过去这种通过刺激顾客的视觉、味觉和触觉神经，来感动顾客、吸引消费的传统营销模式渐渐变得泛滥，不再新颖。酒店业经营者不断创新，不断发现新"缝隙"，不断穿插新型营销模式，在完善视觉、味觉、触觉表现等享受的同时，植入了"香味识别术"这种新型营销术，在刺激顾客嗅觉的同时，让顾客有了新的感官享受。

每家酒店都有自己的气味，酒店的香氛是一个酒店的无形标签，我们总会因为熟悉的气味而倍感亲切。香氛就是在营造这样一个熟悉的环境，在你的嗅觉记忆力打上烙印。而不同酒店的香氛都颇具特色，你能写出以下气味营销代表酒店品牌所使用的香氛吗？

- 丽思·卡尔顿酒店：_____
- 朗庭酒店：_____
- 华尔道夫酒店：_____
- 瑞吉酒店：_____
- 香格里拉酒店：_____
- 索菲特酒店：_____

第四节　酒店品牌建设与环境的适应

任务描述

酒店品牌建设是一项系统工程，酒店企业必须努力、潜心打造属于自己的品牌。酒店品牌建设与外部环境息息相关，"做品牌、推品牌、用品牌、爱品牌"的良好氛围有助于培养酒店的品牌意识、有助于增长酒店的品牌建设意愿。外部环境变化影响着酒店品牌建设，酒店应变能力关系到酒店品牌存亡。当酒店品牌所在地政治、经济、文化等大环境发生变化时，当所在地消费群体、消费理念、消费能力等小环境发生变化时，酒店品牌必须随之做出调整并努力与之相适应。

任务目标

- 知晓酒店品牌建设如何与环境相适应
- 掌握酒店品牌精准定位的方法
- 掌握酒店塑造高质量品牌形象的秘诀
- 掌握酒店品牌的推广技巧
- 理解单一品牌经营模式与多品牌组合模式
- 理解酒店培养高素质人才的重要性

> 任务资讯

一、明确精准的品牌定位

品牌定位是指建立或重塑一个与目标市场紧密相关且非常契合的品牌形象的过程。事实上,国内的很多本土酒店都是没有精准品牌定位的,一味追求建筑规模高端大气、建筑风格中西混搭、消费群体"大小通吃"等,这种看似大而全、面面俱到的发展定位,实际则是缺乏精准定位,无法形成稳定的消费群体,更不能满足宾客日益多元且个性化的消费需求。简言之,任何酒店都不可能提供满足整个市场需求的服务,单一的同质化酒店市场必将被特色鲜明的个性化酒店市场所代替。因此,我国酒店业必须紧盯目标市场、发挥已有优势、挖掘自身潜能,对自身进行精准的品牌定位。具体可以从以下几个方面进行尝试。

1. 根据市场热点来定位

求新求变是市场的永恒主题,市场新热点反映出消费者新的消费愿望,指明了消费者对未来消费的潜在需求的方向。例如当前,在碳达峰碳中和背景下,低碳、绿色、生态将是未来很长一段时间的主题,消费者也逐渐倾向于选择绿色生态的酒店品牌。因此,酒店可以以"低碳、绿色、生态"为基准定位,并推出与之相关的优质服务。

2. 根据酒店产品的档次来定位

按照产品在消费者心中的价值高低可将品牌分出不同的档次。如高档、中档和低档,不同档次的品牌带给消费者不同的心理感受和情感体验。定位于高档次的品牌传达了产品(服务)高品质的信息,同时也体现了消费者对它的认同。如洲际集团既有豪华型的洲际酒店、皇冠假日酒店,又有经济型的假日酒店;既有面向商务客人的,也有面向度假客人的酒店品牌类型。

3. 根据宾客的需求来定位

中国消费市场巨大,消费群体各异,酒店要紧密结合自身发展定位来提供相关服务,尽可能地满足主要消费群体的消费需求,增加市场份额,适当地推出小比例的个性产品以吸引小众的消费群体,确保在同行竞争中占据不败之地。例如,如家集团就在国内推出了两个主要品牌:如家快捷能给经济型客人带来时尚、实惠的感觉,如家和颐则给商务型客人带来尊贵、高端的感觉。

20世纪80年代末期，在全球"绿色浪潮"的推动下，欧洲的一些酒店意识到酒店应对环境保护起到积极作用，并逐渐开始改变经营策略、加强环境意识、实施环境管理，极力营造酒店的"绿色"氛围。同时，将绿色酒店作为企业新的形象，以提高经济效益和社会效益，并取得了较好效果。

20世纪90年代中期，国外"绿色酒店"的理念传入我国，在北京、上海、广州等一些大城市的外资、合资酒店和一些由国外管理集团管理的酒店中实施"绿色行动"，其他也有一些酒店也开展了自发活动。这一阶段的行动大部分局限于降低物资消耗和减少固体废弃物上。

近年来，国内酒店积极探索建设环保节能绿色酒店的方法和途径，如采用可循环利用资源、可再生能源和节能技术，建造绿色建筑、使用绿色照明、推行环保行动传播环保理念、增加绿色需求等。绿色酒店极大地降低了运营成本，同时也提升了自身的品牌形象。创建绿色酒店的企业取得了重大的经济效益和社会效益，绿色酒店运营效益显著提升，与同等规模普通酒店企业比较，在营业额、利润率、运营成本方面都更趋向于高效收益、低碳运行。

然而，环保绿色的理念并未成为各类酒店的原则，我国的绿色酒店创建事业基本上还处于概念探索和尝试性的应用时期[①]。

二、塑造高质量的品牌形象

美国波士顿弗鲁姆咨询公司曾在1988年做过一项调查，调查对象中约有70%的人在体验过一家酒店之后，便不会再次选择这家酒店而是选择其他酒店，这并不是因为产品质量或价格问题，而大多是因为服务问题。时至今日，到酒店消费的宾客不仅仅追求物质上的享受，更偏向于精神层面的需求。但是宾客在购买酒店服务之前，无法预知或感知该酒店的服务水准，品牌形象和声誉则成为驱动宾客购买服务的重要因素。

1. 提高服务质量

酒店服务质量应该是品牌形象和品牌内涵的有机统一。酒店员工要自觉培养高尚的从业道德，牢固树立"让客人完全满意""细节铸造完美的服务意识""自己的形象就代表企业形象"等服务理念，主动关心和维护酒店的品牌形象。此外，酒店

---

① 来源：迈点官网 https://www.meadin.com/

还应建立一套科学可行的质量管理体系,每一个服务流程都要有相应的质量标准作出详细的规定,并且明确各职能部门在质量管理体系中的职责。最后,还应注意确立酒店业输出管理的总体规划和原则,尽量规避和减少对品牌质量统一性和严谨性的不利因素。

2. 注重文化内涵

企业文化是一种潜在的、无形的、强大的力量。酒店品牌与企业文化密切相关、相辅相成,重视并加强酒店文化建设是打造酒店品牌的必然要求。一家酒店是否有生命力,关键是看它有没有优于别人的、别人最难模仿及超越的特色,而这种特色归根结底来源于酒店长期培育出来的独特文化。甚至从某种意义上说,宾客到酒店消费,就是去消费文化、感知文化、享受文化的。所以说,酒店不仅要推出文化性的产品、创建文化性的品牌,更要将本酒店独特的文化内涵注入酒店服务的方方面面。同时,酒店还要注重文化因素的配置和建设,不断优化酒店的环境布置、提高内外装修装饰的质量,烘托浓郁的文化气息和氛围。

3. 注重品牌标志

酒店品牌标志能够提供品牌认知、引发品牌联想,进而引导消费者的品牌偏好,有助于提高消费者的品牌忠诚度。针对当前异质特色突出的个性化市场,酒店管理者应通过品牌标志的设计来突出酒店品牌的个性化特点,以更好地提高消费者的感知度、激发消费者的消费欲望。酒店应注重推进品牌形象物化方面的建设,设计好酒店统一的商标和标志,构建好酒店的形象识别系统,推进酒店品牌形象的内涵和外在表现度的高度统一。

三、重视酒店品牌的推广

酒店品牌推广是指酒店品牌经营者根据自身的品牌优势,运用恰当的方式持续地与宾客交流,促进宾客理解、认可、信任,产生再次购买的愿望,不断提升对该品牌的好感的过程。

1. 大众传媒推广

不同的传播媒介有着不同的传播效果。酒店在做品牌推广时,首要的是找到一款合适的传播媒介,既能有效降低宣传推广成本,又能达到最理想的宣传推广效果。如"全包圆家装"这个装修品牌,几乎北京所有的有车一族在收听北京交通广播时都能听到它的宣传推广广告:"家装就要全包圆""超低空飞行,只要999元/平方米"。"全包圆家装"的精妙之处,就在于将自己的品牌及核心产品信息,通过车载广播传递给有车一族或乘客,有效做到了成本低、覆盖面广。

同样的酒店品牌在向世界各地做宣传推广时,所传递出来的信息应该是有所区别的,应该主动为不同国家和地区的细分市场提供不同的广告版本。当然,要克服文化差异来进行国际化的营销并非易事,酒店管理者在为自己的品牌进行国际推广、制作国际广告时,可能还需要借助国外专业人士的帮助。

2. 联合推广

联合推广是指两个以上的企业或品牌拥有不同的关键资源,而彼此的市场有某种程度的区分,为了彼此的利益,进行战略联盟,交换或联合彼此的资源,合作开展品牌推广活动,以创造竞争优势。酒店业尤其要重视联合推广的重要作用,酒店可以由当地的酒店协会牵头或者几家酒店自发合作,通过广告宣传、联手旅行团等方式,对自己的酒店品牌进行推介推广,以达到各美其美、美美与共的效果。酒店业还可以与旅游业"联姻",通过联合推广将酒店服务与旅游产品挂起钩来,可以签订合作协议,成为旅行社的定点酒店等。这种联合推广的方式可以大大提升酒店品牌的知名度,为酒店创造更多的客源。

3. 公共关系推广

公共关系推广是一项酒店为了在公众中树立良好的形象,通过传播活动进行的一项持久不断的策略行动。也是推广酒店品牌的一个有效途径,通过公共关系的维护能够较好地架起一座酒店经营者与社会大众之间的桥梁。酒店可以利用召开新闻发布会(记者招待会)、组织参观研学、开展有奖征答等活动形式来吸引媒体关注,由媒体主动宣传酒店品牌。此外,酒店还可以通过赞助文化、体育、教育、慈善等活动来提高酒店的知名度。

4. 网络新媒体推广

网络新媒体推广是指酒店在尚不能完全通过自有能力来提升营销业绩的前提下,选择与新兴网络媒体营销平台进行合作,以达到展开迅速且起效明显的目的。以小红书App为例,有消费者想住W酒店,却对该酒店并不了解,小红书中有许多住过W酒店的博主发的帖子大大强化了该消费者的消费意愿,从而产生消费行为。网络直播也是当前比较火爆的一种推广方式,也有很多酒店会在新浪微博、腾讯微博等平台上注册官方微博,定期推出活动或优惠,还有一些酒店将自身的发展历程、企业文化等拍成生动感人的微电影,更能在第一时间引发消费者的共鸣,激发消费欲望。

四、推行单一品牌经营模式与多品牌组合模式

1. 单一品牌经营模式

单一经营模式是指酒店集团对其经营的所有酒店产品均使用同一品牌名称。这种模式的优势在于，它能够集中酒店的人力物力财力来集中打造单一品牌，更加有利于准确传达酒店高度统一的企业文化与经营理念。加拿大的四季酒店集团就是单一品牌经营模式的典型代表。

2. 多品牌组合模式

多品牌组合模式发展是很多酒店集团选取的一种发展模式。酒店集团实行多品牌经营，既可满足中高低档酒店市场的需求，又不至于破坏原有品牌的形象，既可以扩大母品牌知名度，又可以节约营销成本，同时各子品牌可以发挥各自资源优势，吸引更多独立酒店的加盟和资金的流入。雅高、温德姆、万豪等酒店品牌无一例外地走着多品牌发展之路。7天集团推出铂涛菲诺、丽枫、喆·啡、Zmax Hotel四个新酒店品牌的同时，继续深挖经济型酒店市场，推出7天优品和7天阳光，构成铂涛高端、中档以及经济型酒店的品牌组合。而以年轻时尚为主打的住友酒店集团，也在推出全新打造的白领时尚公寓漫果连锁公寓以及以智能化为主打的Z hotels，大大丰富了原有的布丁酒店体系。

五、培养高素质酒店人才

人才是酒店的核心资产与重要竞争力。酒店企业要在激烈的市场竞争中成功塑造品牌形象，占据一席之地，关键在人。我国酒店企业要面向国际酒店市场，就应将员工看作企业最宝贵的资产，为员工提供合理的薪酬福利待遇、可期待的晋升机会、全面系统的业务培训，培养一批懂业务、懂管理、懂市场的高素质人才，并努力关心员工、坚定相信员工，给予员工必要的授权，把企业的营销战略、营销策划、营销模式通过员工一步一步地付诸实施，最终打造优质酒店品牌。

华住集团华住大学自成立后十几年来，一直深耕现代酒店人才培养，在2018年成立华住商学院，代表华住集团面向整个酒店圈进行知识赋能。目前，已有3000余门自主研发在线微课，内容涵盖酒店营销、运营管理、服务礼仪等几十个酒店相关主题，并针对不同人群进行内容细分，引领了行业人才培养新风向[①]。

---

① 来源：迈点网 https://www.meadin.com/pp/222377.html

酒店资讯

开元酒店旗下高端度假品牌,为何疯狂"满房"?

任务拓展训练

定位希尔顿

希尔顿全球酒店集团,由 Corad Hilton 于 1919 年创立于美国得克萨斯州(在该州 Cisco 收购了 The Mobley Hotel,其后又陆续收购了一些酒店)。1925 年,第一家以 Hilton 命名的酒店在得克萨斯州第三大城市达拉斯成立,目前已发展成为在全球 118 个国家和地区,拥有 18 个品牌,全球近 6100 家酒店的著名国际酒店集团。

官网旗下品牌集结图

请你前往希尔顿酒店及度假村官方网站了解这 18 个品牌的相关信息,并进行品牌定位分类。

希尔顿酒店及度假村官方网站:https://www.hilton.com.cn/zh-cn/(或扫描下方二维码)

- 奢华：_____
- 豪华：_____
- 高级：_____
- 中端：_____
- 中低端：_____
- 低端：_____

项目思考题

1. 简述不同类型的酒店品牌竞争战略环境中分别包括哪些要素。
2. 查阅网络资料，分析本土酒店品牌建设面临哪些战略机遇与风险。
3. 酒店如何利用新兴网络自媒体平台进行酒店品牌推广？
4. 目前中国的本土酒店如何进行准确的品牌定位？

任务拓展训练答案集锦

任务二

任务三

任务四

项目拓展训练

闪耀青春最具活力——W 酒店

一、W 酒店的发展历程

W 酒店是在 20 世纪末，由喜达屋不动产投资公司及喜达屋酒店集团的创始人

Barry Sternlicht（斯坦利克）创立的，第一家酒店于 1998 年开在美国纽约。在那个时候，全球酒店业的发展程度已经比较成熟，经营的规模化和连锁性也让不同酒店内的客人都能享受到同等水平的服务和设施。那个时代被称作酒店业的"浅褐时代（Age of Beige）"，所谓"浅褐时代"的酒店不需要个性，他们只想为客人打造全球统一的标准化设计。假如一个客人到另一个城市入住酒店后发现，这个酒店和自己入住前的预期是一致的，这就是酒店的巨大成功。

然而 Barry 受到欧洲独立经营、具有设计感的精品酒店启发，也努力想让酒店变得与众不同，传统的精品酒店是为了艺术而艺术，而 Barry 则希望顾客依然能在客房里收发传真和工作，从而创造了一个新颖独特的国际酒店品牌，有着时尚的外表和齐全的基本功能。

当 1998 年纽约 W 酒店在莱克星顿大道和 49 街亮相时，除了像客厅一样摆放着舒适沙发的大堂和使用了浅绿色床单、米白色地毯等居家风格的客房以外，W 酒店在酒吧、大堂等公共空间定期举办时装秀、演出和派对，打破了酒店的一如既往。W 酒店开业和传统酒店西装革履领导们的剪彩仪式很不一样，他们做得像是一个高级时装店的开业或时装周的活动，一大堆潮人名流都来参加开业 Party。开业之初的前几周，由于人流量巨大，整个街区都拦起警戒线，更夸张的是酒店将大堂里被人潮踩坏的地板又换了一遍。诞生于一片"浅褐"中，纽约 W 酒店超前的设计和生活方式的新主张能够受到人们的狂热追捧，实属自然。

二、W 酒店的成功秘诀

作为一个年轻的酒店品牌，W 酒店在扩张这条路上也是蛮拼的。从 1998 年第一家 W 酒店——纽约时代广场 W 酒店到最近的日本首家 W 酒店，在短短 20 年中，W 酒店版图已横跨东西半球，其背后有着什么奥秘呢？我们一起来看看。

不论是从装修还是酒店文化等方面，我们都能深刻体会到 W 酒店的新潮，该酒店的使命就是"燃情人生，活力无限"，它的人气在酒店业也是十分罕见的，背后最重要的原因就是定位明确。在上节课中我们说到酒店必须要考虑目标市场并且结合自身的特征，发挥自己的优势，进行准确的品牌定位。W 在这一点上就做得很好，虽然 W 酒店在不同国家和地区都有分布，可从全球范围来说，它的受众却主要是跨国企业的千禧一代和从事创意时尚行业的中青年人，他们有丰富的旅行经验和较高的收入，很多都就职于像苹果、腾讯、阿里巴巴、花旗、麦肯锡等这样的大公司，或者是广告、媒体、音乐产业中密切关注千禧一代人心态和消费习惯的高管和资深从业者。

打开社交软件和点评网站，从广州到北京再到上海和苏州，网友们都在高声谈论着这些网红W酒店的设计多前卫，派对多劲爆，风景多绚丽，客房多前卫。

从人们的发帖中可以看出，他们最在乎的是能不能在酒店派对上玩得尽兴开心，怎么在酒吧拍出一张好看的自拍，以及能不能拍出一张带W标志的风景照。

W酒店不仅定位明确，还拥有高质量的品牌形象，W酒店波形图体现了WHATEVER/WHENEVER随时随需的精神，这是W酒店的文化与服务承诺，让客人每时每刻感受到贴心的服务。

W酒店也有着因地制宜的社交文化，根据波士顿咨询公司预测千禧一代占中国15~70岁城镇总人口的40%，到2021年，千禧一代的比例将增加至46%。中国市场自然成为W品牌在全球最重要的市场。

上海外滩W酒店将老上海的情怀与新时代的前卫先锋巧妙结合，创新演绎东方与西方文化的碰撞，结合黄浦江炫彩迷人的城市天际线的绝美景致，为宾客打造出一场穿越时间与空间的激情之旅。成都W酒店的设计结合了成都这座城市的文化底蕴和W独有的元素。从中提炼出"幻变空间""悠闲奢华"等主题概念，带领客人感受闲情高雅与市井文化的融合。西安W酒店的外观造型更是前卫大胆，被称为最像"W"的W酒店，也是亚洲体量最大，颜值和格调最高的奢华酒店，在全球的W酒店中也是"硬核"之最。设计师通过光影、线条、色彩等不同形式来展现酒店的装饰美。大堂的羽毛吊灯更是融入了敦煌飞天的元素，东西方文化交会的结果在飞天里演绎得淋漓尽致。摩登现代与大唐盛世隔空相遇，古典与潮流相结合，让人眼前一亮。

W酒店的营销方式也非常潮流且多元化，在我们前面所看的上海W宣传片中就是W酒店携手新锐服装品牌XU ZHI和其特立独行的创始人陈序之在上海时装周期间发布"XU ZHI for W Hotels"特别系列。在2019年W酒店与星相生活方式平台的创始人鲁比·沃灵顿携手，共同为亚太地区的W酒店定制了一份占星指南，将旅行灵感同十二星座相匹配，为旅行和占星爱好者推荐个性化旅程。不难发现W酒店通过各种营销渠道使其品牌得到了大力推广。

W酒店推文链接

请思考：结合 W 酒店的成功秘诀分析新时代本土酒店品牌如何开展推广？

项目实训

分析酒店品牌环境

【实训内容】

1. 以小组为单位分析疫情冲击下的酒店品牌大环境发展趋势。

2. 小组选取本地区两家同星级的品牌酒店为调查对象，对比分析新冠肺炎疫情暴发以来，两家酒店针对品牌建设采取了哪些措施，并提出优化建议。

【实训成果】

1. 以 PPT 汇报的形式介绍目前酒店品牌大环境发展趋势。

2. 以文稿形式汇总本组所选两家酒店的品牌建设措施的变化，并提出相应的优化建议。

【实训计划】

1. 确定组内角色及分工

组长：_____　　任务：_____

组员 1：_____　　任务：_____

组员 2：_____　　任务：_____

组员 3：_____　　任务：_____

2. 查阅资料，归纳整理

（1）简述新冠肺炎疫情冲击下的酒店品牌大环境发展的趋势。

（2）你们组选取的本地区两家同星级的品牌酒店是什么？

（3）所选两家酒店的品牌建设措施中最大的改变是什么？

3. 完成文稿，并上传至线上学习平台
（1）酒店品牌大环境发展趋势汇报PPT
（2）两家酒店措施变化、优化建议整理文稿

项目笔记

项目评价

活动	评分标准	自我评价	小组评价	教师评价
任务拓展训练（20分）	任务一拓展训练，答对全部记5分			
	任务二拓展训练，答对全部记5分			
	任务三拓展训练，答对全部记5分			
	任务四拓展训练，答对全部记5分			

续表

活动	评分标准	自我评价	小组评价	教师评价
项目完成过程（40分）	能正确理解任务资讯的相关内容（5分）			
	能获取相关行业、酒店资讯（5分）			
	通过小组讨论与自学，利用信息化教学资源、互联网等完成活页（5分）			
	认真思考，积极动手、动脑（5分）			
	能很好地展示活动成果（10分）			
	积极参与小组合作与交流，配合默契，互帮互助（10分）			
实训作品效果（40分）	文稿美观，要素完整（10分）			
	表达流畅清晰（10分）			
	文稿内容无专业错误，客观真实（10分）			
	整体效果（10分）			
合计				
自我评价与总结				
教师点评				

第二篇
酒店品牌之芽的破土期

第三章
品牌之芽的生根

泰戈尔曾说："根是地下的枝，枝是空中的根。"一粒小小的种子要想长成参天大树，必须埋于地表之下生根发芽，根芽深入土壤、绕过石块，甚至穿过岩层，根扎得越深，枝长得越茂。酒店作为市场竞争产品，也应学做一粒种子，根植于沃土之下，深耕细作，夯实发展基础，找准自身定位，慢慢开枝散叶，铸就成熟品牌。因此，酒店在发展之初，首先要选择一片适合自身生根发芽的市场土壤，其次要对自身发展有一个明确的品牌定位，再次还要确立一套适用的品牌发展策略，最后要能够熟练运用酒店管理理论来提升自身的管理、服务水平与质量，科学分析目标市场与竞争对手，积极采取多元市场推广方式，努力打造备受消费者喜爱和认可的酒店品牌。

项目导航

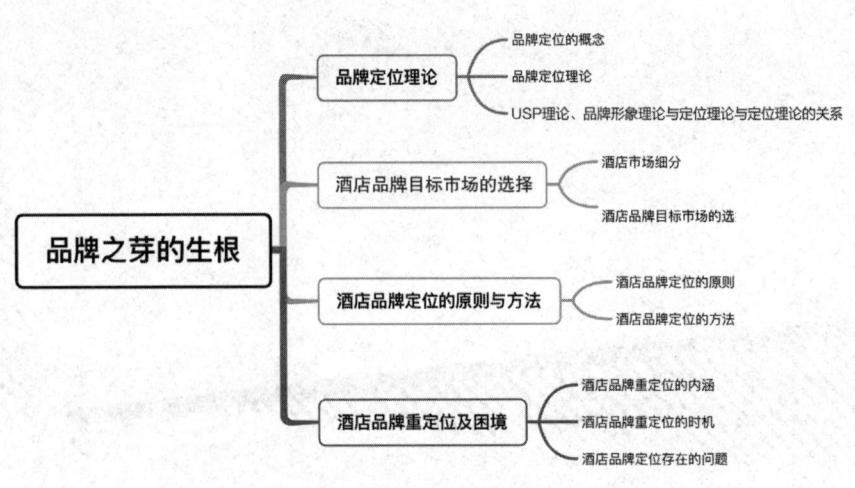

项目目标

知识目标：
①理解品牌定位的历史理论
②学会分析目标市场与竞争对手
③掌握酒店品牌定位的原则与方法及重定位等相关知识

实践目标：
①能基于对酒店品牌定位知识的理解，撰写酒店品牌的市场定位方案
②能够熟练掌握并运用本章节的知识，结合新冠肺炎疫情对旅游行业的影响，分析酒店重定位趋势

行业资讯

酒店集团如何定位自家品牌？

一、Marriott 万豪

定位	品牌名称
Luxury 奢华 提供一流、卓越的设施和服务	Classic Luxury： St. Regis / The Ritz-Carlton / JW Marriott JW Distinctive Luxury： W / The Luxury Collection / EDITION / Bulgari
Premium 高级 提供周到、用心的设施和服务	Classic Premium： Marriott / Sheraton / Delta / Marriott Vacation Club Distinctive Premium： Westin / Renaissance / Le Méridien / Autograph Collection / Gaylord / Tribute Portfolio / Design Hotels
Select 精选 提供智能、便利的设施和服务	Classic Select： Courtyard / Fairfield by Marriott / SpringHill Suites，Four Points / Protea Hotels Distinctive Select： Aloft / AC Hotels by Marriott AC / Moxy
Long Stay 长住 提供如家般自如的设施	Classic Long Stay： Marriott Executive Apartments / Residence Inn，TownePlace Suites Distinctive Long Stay 特色长住品牌： Element / Marriott Homes & Villas

二、Hilton 希尔顿

定位	品牌
Luxury 奢华	Waldorf Astoria / LXR / Conrad
Upper Upscale 超高端	Canopy / Signia / Hilton / Curio / Embassy Suite / MOTTO
Upscale 高端	Double Tree / Tapestry Collection / Tempo / Hilton Garden Inn / Homewood Suites
Upper Midscale 中高端	Hampton / Home 2
Midscale 中端	Tru
Time Share 分时度假	Hilton Grand Vacation

三、IHG 洲际

定位	品牌
Luxury 奢华	Six Senses / Regent / Intercontinental / Kimpton
Upscale 高端	Indigo / Even / Hualuxe / Crone Plaza / Voco
Mainstream 主流	Holiday Inn / Holiday Inn Express / Holiday Inn Club Vacations / Avid / Staybridge / Atwell Suites / Candlewood

四、Hyatt 凯悦

定位	品牌
Luxury 奢华	Park Hyatt / Grand Hyatt / Andaz / The Unbound Collection / Thompson
Upper Upscale 超高端	Alila / Destination / Hyatt / Hyatt Regency / Hyatt Centric / Joie de Vivre, Tommie
Upscale 高端	Caption / Hyatt House / Hyatt Place
Upper Midscale 中高端	UrCove
Wellness 养生	Miraval
All-Inclusive 一价全包	Hyatt Ziva，Hyatt Zilara

五、Accor 雅高

定位	品牌
Luxury 奢华	Raffles / Banyan Tree / Sofitel Legend / Sofitel / Fairmont / SLS / Rixos / Orient Express / Sofitel / So / The house of originals / Delano

续表

定位	品牌
Premium 高档	Mantis / Art Series / Mondrian / Swissotel / 25H / Movenpick / Peppers / MGallery / Pullman / Angsana / HYDE / Grand Mercure / The Sebel
Midscale 中端	Mantra / Novotel / Mercure / Adagio / Adagio Aparthotel / Adagio Aparthotel Premium / Mama shelter / Tribe
Economy 经济	BreakFre / Ibis / Ibis Styles / Ibis Budget / Greet / hotel F1 / Jo&Joe

除了以上 5 家酒店集团，还有一些酒店集团的品牌较为简约，如香格里拉旗下的品牌仅有香格里拉、嘉里酒店、盛贸酒店和今旅，朗廷酒店旗下仅有朗廷、朗豪和康德斯。当然，品牌数量相对简约，丝毫不影响这些酒店集团构成中高档酒店有机搭配品牌梯队。

此外，还有一些酒店集团主打全奢华品牌，规模较大的有安缦、半岛、四季、文华东方、瑰丽等，规模较小的有白马、Como、虹夕诺雅、香樟华平、Viceroy、One&Only、Armani、Versace、嘉佩乐等，立鼎世、罗莱夏朵、SLH、璞富腾、GHA 等酒店集团也含有许多奢华酒店品牌[①]。

请思考：酒店集团是从哪些方面对旗下酒店品牌进行定位的呢？

---

① 酒店控手礼.酒店集团如何定位自家品牌 [EB/OL]. https://mp.weixin.qq.com/s/aAh7W8KL8XXLaJSluCzhzw

第一节　品牌定位理论

任务描述

1972年，美国《广告时代》杂志约请两位著名的营销大师阿尔·里斯和杰克·特劳特撰写了一系列有关营销和广告新思维的文章，主题就是"定位的时代"。这一系列文章在当时引起了业界的强烈反响，从那时起，"定位"便成了营销界热议的话题。本节内容将详细介绍酒店品牌定位的概念、品牌定位理论及不同阶段定位理论之间的关系。

任务目标

- 了解品牌定位的概念
- 理解品牌定位的理论
- 辨析USP理论、品牌形象理论与定位理论的关系

任务资讯

一、品牌定位的概念

什么是定位？里斯和特劳特认为，定位是从产品开始的，可以是一件商品、一项服务、一家公司、一个机构，甚至是一个人。定位本身并不是要对产品做什么事情，而是为产品在潜在消费者的脑海里确定一个合适的位置。产品必须严格按照定位来进行设计和生产，这样才能在潜在的消费者心中夺取并占据有利的地位。定位的关键，是了解并洞察消费者的心智，这也就不难理解为什么里斯和特劳特为《定位》一书确定的副标题是"争夺用户心智的战争"（The battle for your mind）了[1]。

那么，什么是酒店品牌定位？酒店品牌定位，就是指酒店从目标市场需求出发，紧密结合自身条件，科学把握竞争状况，理性确定所处位置。目标市场是酒店品牌定

---

[1] ［美］阿尔·里斯，杰克·特劳特. 定位：头脑争夺战［M］. 北京：中国财政经济出版社，2002.

位的着眼点，酒店品牌要得到宾客的欢迎和认可，就必须使产品卖点和目标市场需求相一致，二者同频共振的程度越高，酒店品牌的定位就越准确，也就越容易取得成功。

二、品牌定位理论

（一）USP 理论

USP 即"独特销售主张"（Unique Selling Proposition），指的是一个广告中必须包含一个向消费者提出的不同于竞争者的销售主张。USP 理论是由美国达彼思广告公司的董事长罗瑟·瑞夫斯（Rosser Reeves）于 20 世纪 50 年代提出来的。50 年代以前，公共产品基本还处于供不应求的卖方市场状态，竞争产品尚不丰富，产品的同质化情况还不严重，人们对产品的要求主要还停留在产品的质量和功能上面。因此，当时的广告理论以"广告科学派"旗手克劳德·霍普金斯（Claude Hopkins）的科学广告理论为主导。瑞夫斯在总结自己多年广告从业经验后认为，要在广告当中加大产品功能性卖点的比重，通过广告告知消费者能从产品当中获得什么利益，以此来促进产品的销售。

USP 理论在 1961 年出版的《实效的广告》（Reality in Advertising）一书中有过系统阐述[①]。该理论的要点如下：

1. 找出该品牌独具的特性——unique

这个特性必须是独特的、唯一的，其他同质竞争商品从来没采用的，即广告必须说出商品的独特之处，这一独特之处必须是竞争对手做不到或无法提供的。

2. 适合消费者需求的销售——selling

广告所强调的内容必须对销售有实质作用，能打动顾客，促使他们前来购买。

3. 发挥建议的功能——proposition

广告必须包含特定的商品效益，即每一则广告都必须准确无误地告诉消费者，购买广告中的产品能得到什么好处。

（二）品牌形象理论

从 20 世纪 50 年代开始，产品的同质化程度开始加剧，挖掘产品独特的功能特性变得越来越难。而且，消费者不再仅仅满足于产品的功能利益，他们还希望得到一些心理层面的满足或利益。在这样的背景下，奥美广告公司创始人大卫·奥格威

---

① ［美］罗瑟·瑞夫斯. 实效的广告［M］. 呼和浩特：内蒙古人民出版社，1999.

（David Ogilvy）于60年代中期提出了品牌形象（Brand Image）理论，并在多种场合阐述品牌的重要性。该理论的要点如下。

1. 创造差异性

品牌形象是创作具有销售力的广告的必要手段，其往往因为具有差异性才给消费者留下深刻的印象。不同品牌之间的相似点越多，消费者选中某一品牌的可能性就越小。通过差异性为品牌树立一种标新立异的形象，在很大程度上可以为企业获得更大的市场占有率和更多的利润。

2. 广告是对品牌形象的长期投资

品牌是能给企业带来持续利润的长期资产。通过长期投放广告来推动自身的品牌形象深入人心，就是对品牌进行的一种长期投资。一般来说，长时间推广的广告品牌更容易享有更高的利润空间。

3. 描述品牌形象

不同的品牌如果没有本质上的品质差异，那么消费者对于企业商标等外在的品牌形象的印象好坏就成了左右消费者消费欲望的一个重要因素。因此，有的时候描绘品牌的形象比强调产品的具体功能特征更为重要①。

（三）定位理论

现代传媒和企业广告传递出来的产品和品牌信息越来越多，而消费者能接收的有效信息却相对有限，很多产品和品牌都被淹没在铺天盖地的海量信息之中。营销大师们在这个方面展开了更多的积极思考和探索。

1969年，杰克·特劳特（Jack Trout）在美国《产业营销》杂志上发表了题为《定位：同质化市场突围之道》的文章，提出通过定位来突破同质化的瓶颈，但是这一提法在当时的业界并没有引起太强的重视。1972年，阿尔·里斯和杰克·特劳特为《广告时代》撰写了题为"定位新时代"的系列文章，"定位"才开始引起业界的广泛重视。1981年，里斯与特劳特合作推出《定位：攻占心智》（Positioning: The Battle for Your Mind）一书，在美国企业界引起巨大轰动，从此也给全世界的营销理念带来了翻天覆地的变化。1996年，特劳特与瑞维金联手推出的《新定位》（The New Positioning）一书，更是被称为定位理论的扛鼎之作。

2001年，美国市场营销协会评选有史以来对美国营销影响最大的理论或理念，评

---

① 庞守林，张汉民，丛爱静. 品牌管理[M]. 北京：高等教育出版社，2017.

选结果不是罗瑟·瑞夫斯的 USP 理论、大卫·奥格威的品牌形象理论，也不是科特勒所架构的营销管理及顾客让渡价值理论、迈克尔·波特的竞争价值链理论，而是阿尔·里斯与杰克·特劳特提出的定位理论。这次评选活动在很大程度上肯定了定位理论在品牌战略和传播当中的重要地位。

三、USP 理论、品牌形象理论与定位理论的关系

时代背景不同，各个理论的侧重点也有所不同。USP 理论产生于产品理性利益比较盛行的时代，所以更加注重产品本身。品牌形象理论产生于产品同质化严重、差异化功能相对难以挖掘的时代，所以更加注重品牌。定位理论产生于信息爆炸的时代，所以更加注重消费者的心智。

虽然每个理论的侧重点各不相同，但它们也有一个共同点，那就是始终处于理论演变的过程当中。以 USP 理论为例，初期的 USP 理论由于受当时历史条件的限制，不可避免地带有一定的局限性，如过于注重产品本身、过于以产品及传播者为中心而很少考虑传播对象。20 世纪 70 年代，USP 理论开始从满足基本需求出发追求购买的实际利益，逐步走向追求消费者心理和精神的满足。到了 90 年代后，USP 理论思考的重点开始上升到品牌的高度，强调 USP 的创意来源于品牌精髓的挖掘，并把 USP 阐释为"独特销售个性"。因此，现在的 USP 理论相对于最初的 USP 理论已经有了一个较大的演变，甚至与品牌形象理论也有了一定的理论相似性，品牌形象理论注重考虑产品与消费者形象的一致性，USP 理论除了涉及产品的实际功效，也开始注重消费者的心理和精神需求。尽管一些人仍然坚持认为 USP 理论和品牌形象理论更加偏向于产品和品牌，定位理论更加偏重于消费者认知，但本书认为三种理论的理论精髓已无本质上的差别，因为创建品牌的过程本身就是建立消费者认知的过程，建立产品 USP 和品牌形象的过程将不可避免地会经过分析消费者认知的环节，因此三者应该趋于统一[①]。

---

① 周志明. 品牌管理 [M]. 天津：南开大学出版社，2008.

酒店资讯

CJ 酒店——融合社群、科技、电竞、娱乐、社交、体验消费打造酒店"第五空间"

任务拓展训练

文华东方酒店的折扇美学

文华东方酒店集团扇形标志诞生于20世纪80年代中期的香港,一直是品牌引以为傲的标志,也成为文华东方酒店的独特卖点。扇子作为文华东方的酒店形象,独具东方韵味的优雅与浪漫,11片扇叶标志象征集团秉承的东方传统精髓不仅彰显了自身高贵典雅的定位,更蕴含着低调含蓄的古典韵味,从演员、艺术家到摄影师、建筑师等。各领域的名人皆成了文华东方的忠实拥趸。

每一家酒店都有一把自己独一无二的折扇,以下展示了广州文华东方酒店、上海文华东方酒店、北京文华东方酒店的"镇店之扇",下面请你查阅相关资料,开启文华东方折扇美学,打开这把折扇,写出其设计意图。

1. 广州文华东方酒店:

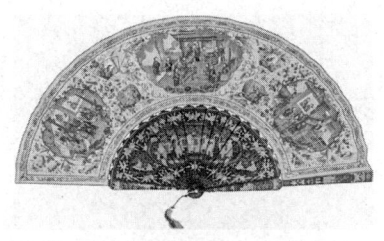

2. 上海文华东方酒店：

3. 北京文华东方酒店：

第二节　酒店品牌目标市场的选择

> **任务描述**

　　任何一个酒店品牌都不可能满足所有宾客的不同需求，也很难受到市场上所有宾客的欢迎和青睐。因此，创建酒店品牌，必须在对自身有了一个准确定位的基础上，认真分析各种类型市场的异同，广泛寻找、深入挖掘适合自身发展的目标市场，积极开拓、合理布局。细分并了解酒店市场是品牌定位的基础。本节内容将详细介绍酒店市场细分的概念与指标体系以及选择目标市场的相关知识。

> **任务目标**

- 了解酒店市场细分的概念
- 掌握酒店市场细分的指标体系
- 掌握酒店品牌目标市场选择的技巧与策略

任务资讯

一、酒店市场细分

（一）酒店市场细分的概念

市场细分是指根据宾客市场需求的多样性和差异性，依据一定的标准把整体市场划分为若干不同类别的市场。酒店经营者往往难以识别整体市场并满足整体市场需求，这时就需要"分割"市场。通过细分市场，酒店经营者可以发现宾客的需求个性，了解不同宾客群体需求的差异性，从而发现推广本酒店品牌的机会，以便集中配置资源，打响酒店品牌。

（二）酒店细分市场指标体系

1. 地理变量

按地理变量细分市场，是指根据来自不同地理位置的宾客来进行酒店市场细分。因为来自不同国家、地区的宾客需求和爱好有差异，所以不同酒店和产品品牌对宾客的吸引力也有所不同。

2. 人口变量

按人口变量细分市场，是指根据宾客的性别、年龄、文化程度、职业、可自由支配的收入、种族与信仰、社会阶层、家庭生命周期等差异来进行酒店市场细分，不同的宾客在酒店品牌的选择上也会有较大差异，如拥有美容美发、养生保健、健身休闲等功能的酒店可能更容易受到女性消费者的喜爱。

3. 心理变量

按心理变量细分市场，是指根据宾客对待工作、生活、消费、娱乐等方面的态度和喜好等心理因素对酒店市场进行细分。态度和喜好的不同，往往会造成对酒店品牌选择上的差异。酒店在推广品牌过程中，尤其要注重通过打造个性化品牌、提供个性化服务和差异化产品来赢得在酒店市场竞争中的主动权。

4. 行为变量

按行为变量细分市场，是指根据宾客购买和消费酒店产品的目的、所追求的利益、购买力、对酒店品牌和产品的了解程度、对品牌忠诚度等细分酒店市场。以不同宾客购买和消费酒店的目的有所不同为例，如商务客人希望入住商务酒店，以利于商务活动；观光客人喜欢选择景区酒店，以便旅游观光；休闲度假客人偏好休闲设置较齐备的度假酒店等。

> 酒店资讯

2020年养生酒店品牌影响力10强榜单

二、酒店品牌目标市场的选择

（一）分析与评估

选择酒店品牌所要服务的目标市场是品牌定位的基础，经过细分市场后酒店经营者对备选的细分市场要做如下三点分析与评估。

1. 规模评估

规模评估是对消费者市场的规模进行评估，如没有适当的规模，酒店免不了陷入入不敷出的境地，且还将不断增加机会成本。因此在品牌定位前，酒店需要从消费者认知、消费者需求、消费者特征等方面来全面了解消费者，并且结合酒店选址、酒店特色等方面对消费者市场规模进行评估。

2. 发展潜力评估

发展潜力评估是指酒店经营者不能只静态看待当前或某一时期内的宾客市场规模，而应着眼长远，科学预判酒店的发展趋势和潜在能力。所有酒店品牌都要经历一段培育期，但并不是所有的酒店品牌都会有爆发性增长和可持续发展，因此市场选择很重要。在评估酒店发展潜力时，既要看营业额、消费群体等量的增长，又要看酒店经营管理水平等质的增长。酒店经营者还要学会通过评估细分市场的发展潜力来决定自身的投资节点，既不能过于超前，又不能过于滞后。

3. 竞争能力评估

竞争能力评估是指在品牌面临的竞争环境中，对酒店的资金、设备设施等硬实力，人才、企业文化等软实力进行评估，从而把握竞争机会并寻求品牌差异化。中国经济发展迅速，酒店市场商机无限，在北京、上海、广州等一线城市，世界知名酒店品牌林立，如果没有相当的硬实力和软实力，一个酒店是很难在这种竞争环境中生存下来的。因此酒店经营者需了解哪些酒店品牌是主要竞争对手、哪些是次要竞争对手，哪些是显性的竞争者、哪些是隐性的竞争者，哪些是可以合作的对象。酒店经营者也需充分了解竞争对手的品牌定位、发展策略、经营状况、客户群体等，找出每个竞争对手在顾客心目中的优势与劣势。

（二）酒店品牌目标市场选择策略

1. 无差异型目标市场策略

无差异型目标市场策略，就是注重共性而忽略各细分市场的差异性，只推出一种品牌及一种营销组合以满足尽可能多的宾客需求。

从本质上讲，各细分市场都是存在很大差异的，无差异型目标市场策略的特点就是异中求同，在大不同中寻找大同。这种策略的优点主要有：单一的营销组合及单一品牌可以节约调研成本、节约设计费用、减少促销费用，也有利于酒店市场识别、有利于市场规模效应。缺点主要有：弱化了宾客需求的差异性，对不同细分市场的吸引力强弱不一。

2. 差异型目标市场策略

差异型目标市场策略，是指经营者根据各个细分市场的需求特点，采用不同的品牌及有差别的营销组合，以灵活、区别对待不同的细分市场。

差异型目标市场策略的特点是同中求异，在大同中寻求大不同。这种策略的优点主要有：对不同的宾客市场设计不同的品牌和营销组合，市场适应性及抗风险能力较强，品牌风险比较分散，可以有效预防因一个品牌形象不佳而导致"一损俱损"，简言之，就是能在一定程度上做到效益最大化、折损最小化。缺点主要有：品牌设计成本高、品牌推广费用高、品牌维护难度大、市场调研费用高，资源与精力分散，不便于集中发挥优势。

3. 集中型目标市场策略

集中型目标市场策略，是指酒店经营者只选择一个细分市场，只提供一种酒店品牌和营销组合来满足市场需要。

集中型目标市场策略的特点是唯一性、专一化，即市场专一，只选择一个细分市场，只做一个品牌。这种策略的优点主要有：资源集中，能够形成"锥尖"效应，易取得成功；品牌设计费用、推广费用和维护费用相对较低。缺点主要有：风险大，如果某个品牌在某个细分市场没做成功，很可能导致整个酒店都要退出市场。

> **任务拓展训练**

支招四种竞争地位

  酒店竞争分析的最终目的是希望通过分析，策划本酒店有效的竞争对策和竞争地位。通常，竞争于同一目标市场的酒店，因其营销目的、资源和实力不同，各自处于不同的竞争地位，各酒店又因竞争地位的不同要采取不同的竞争策略。

  在酒店竞争中，通常可能出现四种不同竞争地位的酒店，它们分别为市场主导者、市场挑战者、市场跟随者和市场利基者。这四种竞争地位既可针对一个酒店，也可针对酒店的某一经营项目如餐饮、客房等。同一个酒店的产品可能处于不同的竞争地位，针对不同情况采取不同策略。

  请你思考：处于不同竞争地位的酒店可以采取何种策略来发展自身？

第三节　酒店品牌定位的原则与方法

> **任务描述**

  酒店是否有一个精准的品牌定位是酒店产品能否成功进入市场、有效拓展市场的助推剂。酒店在对自身进行品牌定位的时候，能否正确、灵活地运用定位原则，能否掌握科学的定位方法，是酒店品牌定位能否取得成功的关键。本节内容将详细介绍酒店品牌定位的主要原则与方法。

> **任务目标**

· 理解酒店品牌定位的原则
· 掌握酒店品牌定位的方法

任务资讯

一、酒店品牌定位的原则

1. 以目标宾客为中心的原则

众口难调,任何一个酒店品牌想同时满足市场上所有消费者的需求是不现实的。因此,作为任一酒店品牌来说,只能充分发挥其自身优势,以主要或重点满足某一市场群体。在进行酒店品牌定位之前,必须充分了解市场中目标宾客的消费需求及消费特征,努力推动酒店品牌定位与目标宾客需求相契合,并积极通过一系列营销推广活动向目标宾客准确传递这一定位信息,让宾客感觉到这一品牌正是他们所需要并能接受的。

2. 差异化原则

任何一个酒店品牌的定位,都要与同一市场中的竞争对手有所不同。只有针对竞争对手的定位来进行自我定位,打造自身特色,体现某种个性,才能在同一市场中打开一片天地,否则很难在品牌之林中脱颖而出,更难成为市场消费者的首选品牌或优选品牌。

3. 符合酒店实际原则

进行酒店品牌定位时,需要充分考虑酒店的规模、技术水平、管理能力等实际情况,同样也需要综合考虑自身酒店产品的特性,酒店产品作为酒店品牌的主要载体,任何一个酒店品牌的定位都需要与自身的酒店产品紧密地结合起来,相辅相成、相得益彰。

4. 动态性原则

从长期来看,酒店品牌定位应该保持相对稳定,以此来保持自身消费市场的稳定。但任何酒店品牌定位都不是一成不变的,必须要根据社会的发展、市场的升级,以及人们的价值观、生活观、消费观的变化来不断调整、优化甚至颠覆自身的品牌定位,使之动态地适应外界的各种变化,始终保持活力,持续贴近并满足市场宾客的多元需求。

> 酒店资讯

ZMAX HOTELS 酒店品牌快速破圈要诀

二、酒店品牌定位的方法

酒店品牌定位的方法很多，里斯和特劳特提出了 8 种方法[①]，新加坡品牌专家保罗·唐波拉尔（Paul Temporal）提出了 13 种方法[②]，我国品牌学者何佳讯教授提出了 10 种方法[③] 等。结合酒店品牌特征，本书梳理并罗列了以下几种主要的定位方法。

1. 档次定位

根据在宾客心中的价值高低，酒店品牌可分为低档、中档和高档等数种不同的档次。不同档次的酒店品牌会给宾客带来不同的消费体验和心理感受，如高档的酒店品牌往往被赋予更强的象征意义，一般会通过高价位来体现其档次，旨在传达产品高品质的信息，给宾客以不同的消费感受。

2. 比附定位

比附定位是指酒店经营者通过攀附其他名牌、比拟名牌来给自己的产品进行定位，利用其他名牌的影响力和市场地位使自己的酒店品牌从中获取无形的利益。当本品牌实力不错但知名度不高的时候，可以采用该方法提升影响力，其潜台词是"如果你认同了我关联的品牌，你也应当认同我，因为我们类似"，这是一种低成本打造品牌的方法。

3. 文化定位

文化定位是指在酒店品牌定位时，主打文化元素，使酒店品牌更具内涵和张力。

---

① ［美］阿尔·里斯，杰克·特劳特.定位：头脑争夺战［M］.北京：中国财政经济出版社，2002.
② ［新加坡］保罗·唐波拉尔.高级品牌管理：实务及案例分析［M］.北京：清华大学出版社，2004.
③ 何佳讯.品牌形象策划——透视品牌经营［M］.上海：复旦大学出版社，2000.

文化定位不仅可以大大提高酒店品牌的品位，而且可以使酒店品牌形象更具特色。产品的功能与属性容易被模仿，而独特的酒店文化品牌却很难被模仿。比如，主打民族精神、历史文化等，这种定位方法将本民族的民族精神和历史文化渗透到酒店品牌中，使宾客感觉到支持该酒店品牌就是支持民族产品，从而提高酒店品牌的影响力和感染力。又如，主打以酒店经营理念为代表的现代文化等，这种定位方式将酒店自身的经营理念融入酒店品牌中去，用具有鲜明特点的经营理念作为酒店品牌的定位，并在酒店营销和品牌管理的各个方面和环节向宾客传播。

花间堂酒店致力于传递中国文化之美，被称作从花丛中长出来的地方。花间堂始终以家为基础载体，用分享的理念传播美好与欢乐，并于极居之处，窥探中国文化之美。每次酒店在改造时都会查阅大量的历史资料，请教文建保护专家，尽力保留老宅中的梁柱、砖瓦、木雕、石刻，还原老宅原有的精髓。同时，让老宅能够满足现代生活品质与品位的要求，重现新生。每一处花间堂，都能与当地独具风格的文化元素巧妙融合，以独有的历史厚重感为顾客沉淀出一片纯净的身心休憩之所，并通过对中国式幸福哲学的传颂，让世界也看到气韵生动的中国文化之美。

4. 首席定位

首席定位，就是以自身品牌是同行业中实力最强、是市场的领导者来进行酒店品牌定位。在信息爆炸的时代，消费者无法记住大量的信息，但对具有领导地位的品牌往往印象深刻。例如，很多酒店在广告宣传中经常会使用"×××指定酒店""×××官方合作酒店""国内首家""市场占有率第一"等口号，这就是首席定位策略的运用。

5. 市场空当定位

市场空当定位是指酒店主动寻求尚无其他酒店品牌重视、尚未开发的，但有巨大消费潜能的市场环境，并较早地推出自身的酒店品牌，以适应未来市场的需要。市场机会是无限的，而很多酒店发掘市场的能力往往不足，这便需要酒店提升敏锐的观察力与创新力。

6. 消费群体定位

消费群体定位，是指以某类消费群体为对象，突出某类酒店产品为其服务，以获取目标消费群体的认同，常用的细分基础包括地理、人口、心理、行为等。把酒店品牌与消费群体结合起来，有利于增进宾客的归属感，使他们产生"我自己的品牌"的感觉，从而吸引目标宾客购买产品。

每当家长在筹备亲子度假的时候，就开始考虑什么样的酒店才适合带孩子去，会考虑酒店品质、美食、玩乐内容以及室内和户外空间等条件。Club Med 是目前国内备受家长追捧的亲子酒店代表品牌。这个来自法国的酒店连锁企业目前已在海南三亚、北京延庆、广西桂林、吉林北大壶、黑龙江亚布力、浙江安吉、河北北戴河拥有 7 家度假村。Club Med 度假村提供包括住宿、餐饮、运动和娱乐在内的一价全包一站式服务。客人在度假村中可以尽情享用服务和设施，度过一个省心快乐的假期。

Club Med 首创的儿童俱乐部是选择这家酒店的家长称赞最多的度假项目。家长完全可以把自己的孩子托付给专职团队，少年儿童可以结识新朋友，参加适合自己年龄段的户外探索活动，家长则自由支配自己的度假时间。他们还根据家人共度美好时光的需求，推出"非凡家庭"活动，提供一个家长与孩子一起的亲子时光。Club Med 亚太市场销售事业部首席执行官戴杰伟说："亲子酒店要善于倾听和满足父母与孩子的需求，不断调整，推出各种灵活设施和服务，确保家长与孩子度过一个轻松舒适的美好假期。"①

7. 情感定位

情感定位，是指酒店以宾客的情感诉求为出发点，直接或间接地运用酒店产品来给宾客带来相应的情感体验，以此来引发宾客内心深处的认同和共鸣。这种定位方法把握住了"宾客是感性的"这一重要特点。在同类产品和替代产品竞争激烈的情况下，情感定位方法也是比较有效的。

8. 利益定位

利益定位，也就是功能性定位，是指酒店根据自身的产品所能满足的需求、所能提供的利益、所能解决的问题来定位。如果酒店产品有功能上的独到之处，能从功能上吸引宾客，能满足宾客某个利益点的单一诉求，那么利益定位不失为明智之举。

任务拓展训练

探寻本土文化酒店品牌

伴随消费升级时代的来临，消费者期待更有品质更有个性化的住宿服务，为迎合消费者需求变化，规避同质化的竞争，酒店通过转型升级、差异化发展来提升酒店竞争力成为必然选择，在国家大力支持"文化+"产业发展，政策利好背景下，"文化+

---

① 来源：迈点网 https://www.meadin.com/

酒店"转型，文化主题酒店成为投资者关注度较高的选择之一。

文化主题酒店是以某一文化主题为中心思想，在设计、建造、经营管理与服务环节能够提供独特消费体验的酒店。其文化主题包含历史文化、民族民俗、自然资源、社会资源等，是通过创意加工所形成的能够展示某种文化独特魅力的思想内核。

近年来，随着市场的发展，我国也发展了许多以文化定位的主题酒店品牌，请你列举出十个。

1. _____　　2. _____　　3. _____
4. _____　　5. _____　　6. _____
7. _____　　8. _____　　9. _____
10. _____

第四节　酒店品牌重定位及困境

▍任务描述

酒店的品牌定位往往会因不符合市场预期或市场形势发生重大变化而出现不适应市场需求的情况，这时酒店就要对自身的品牌定位进行调整、纠偏甚至是重新定位。本节内容将详细介绍酒店品牌重定位与定位困境的知识。

▍任务目标

- 了解品牌重定位的内涵
- 掌握酒店品牌重定位的时机
- 理解酒店品牌定位存在的问题

▍任务资讯

一、酒店品牌重定位的内涵

一般来说，品牌重定位（Repositioning）有两个层面的意思。一个是竞争品牌重定位，即改变竞争品牌在消费者心智中原有的定位；一个是自身品牌重定位，即改变自身品牌在消费者心智中原有的定位。

第一种层面类似于进攻式定位，里斯和特劳特称之为"重新为竞争者定位"①。它是通过打破产品在消费者心目中所保持的原有位置与结构，使产品按照新的观念在消费者心目中新排位，调理关系，以创造一个有利于自己的新秩序。

例如，以往的方便面竞争都发生在具体品牌之间，如强调面饼量多、味道鲜美、面条筋道等，但五谷道场却扬起"非油炸更健康"的旗帜，实际上是在消费者心目中把方便面分成了油炸和非油炸两类；此外，非可乐、非传统牙膏等定位也是将竞争者在心智中的位置改变，有些甚至使竞争品牌处于不利，如金威啤酒第一个提出"不添加甲醛酿造"，言下之意是别的啤酒品牌可能就添加了甲醛；喜力滋啤酒声称"啤酒瓶经过蒸汽消毒"，是在说别的品牌的啤酒瓶可能没有经过蒸汽消毒。从一定意义上来说，朝着竞争者定位方向的细化和深入也是一种为竞争品牌重定位的方式。例如，尽管一句"头屑去无踪，秀发更出众"的广告语早已使得海飞丝成为国内去屑洗发水市场上的翘楚，但风影说"去屑不伤发"实际上是含射海飞丝可能在去屑的同时伤害发质，清扬说"头屑不再来""说话算数"也是在暗示海飞丝去屑效果不佳。当然，由于我国禁止比较广告，因此竞争品牌的名称不能在广告当中点明。

第二种层面是对自身品牌进行重新定位，即清除本品牌在消费者心中的记忆，再创造一个更加有利于自身发展的品牌定位。由于酒店品牌在目标市场上已存在一段时间，要把旧有的认知搬出消费者的记忆并非易事，原有的品牌形象可能已经根深蒂固，很难轻易改变，如果改变得不彻底，还容易造成消费者对品牌的认知混乱。

> **知识扩展**

OTA 巨头加速品牌重定位

自新冠肺炎疫情暴发以来，人们越来越多地思考旅行的方式、时间以及与谁一起旅行。

随着世界逐渐开放，人们又开始旅行，Expedia 希望能够参与人们旅行的每一步。2021 年，这家在线旅游平台开启了一项品牌重塑活动，将 Expedia 从一个预订平台重新定位为"终极旅行伴侣"。

---

① ［美］阿尔·里斯，杰克·特劳特. 定位：头脑争夺战［M］. 北京：中国财政经济出版社，2002.

Expedia 高级副总裁兼品牌总经理 Shiv Singh 表示："我们不再仅仅专注于激发旅行灵感，帮助人们找到合适的酒店、航空公司或租车服务。我们强调在旅程的每一步都帮助和支持旅客。这对 Expedia 来说是一个根本性的转变。"

为了使旅行更容易和更安全，Expedia 发布了一系列新产品，并由此开始了这次品牌重塑之旅。比如，Expedia 在应用程序中嵌入了实时行程，一旦旅行计划发生任何改变，行程将自动更新，用户可在应用程序中处理保险索赔，还可以看到明确的价格细节进行横向比较。作为此次品牌重塑活动的一部分，Expedia 更新了其 LOGO 并发布了一支广告片进行营销宣传。

相比聚焦在预订量的数字上，Expedia 集团将更加关注消费者在旅行时使用其 App 或网站的体验，并对此加以优化[①]。

二、酒店品牌重定位的时机

一般来说，酒店品牌需要在以下几种时机进行重定位。

1. 原有定位老化

由于外部市场环境、宾客的需求及兴趣等处在实时变化当中，如果酒店品牌定位不能实时跟进、及时更新调整，那么势必出现老化现象。酒店品牌定位一旦老化，它在市场中的地位便会被边缘化，市场占有率也会下降，酒店品牌的生命力也日渐衰落，不再被宾客接受和认可。这时就必须对品牌重新定位，为酒店注入新活力。

2. 原有定位错误

由于对市场的判断、对目标宾客需求的分析、对竞争对手的评估有偏差疏漏甚至是错误的，那么这将导致酒店品牌定位从一开始就是错误的，无论后期如何加大传播推广力度都将是徒劳的，必须尽快重新为品牌进行定位。

---

① 来源：环球旅讯官网 https://www.traveldaily.cn/

3. 原有定位模糊

随着自身的发展，有的酒店品牌定位的外延也随之拓展，逐渐变得不再聚焦，定位变得非常模糊。而大型的酒店集团通常会针对不同类型的酒店推出不同品牌，使得每一类酒店品牌都能实现精准化定位，且提升品牌的知名度。例如，华住旗下的20多个各具特色的酒店品牌，从国民品牌汉庭，中档品牌全季、桔子，到高档品牌禧玥、施柏阁、花间堂等，形成了覆盖城市各个细分市场的服务网络。

4. 原有定位过窄

很多酒店在创业之初，往往对自身的品牌定位过于保守或者不够"高大上"。随着酒店实力的不断增强，其业务范围、产品门类变得更加多元，原有过窄的品牌定位成了其品牌延伸和拓展的障碍，必须及时进行重定位。

5. 竞争品牌模仿

酒店业的竞争异常激烈，同质化竞争无处不在，包括在酒店品牌定位上。当竞争对手的品牌定位与自身的品牌定位趋同甚至有可能碾压自己的时候，那么就该考虑重定位了。

6. 宏观环境变化

随着政治、经济、文化、技术、自然等外部环境的变化，一些酒店在产业投资方向上会发生转移，酒店品牌原有的定位也需要随着改变。例如，在2022年的"五一"假期，由于偶发性疫情等影响，旅游市场呈现出"远途冷，短途热"的特点，消费者更倾向于选择周边游这种"触手可及"的"微度假"，IP主题酒店、生态度假酒店、精品主题民宿等便成了消费者的主要选择。

> **行业新词链接**

存量酒店

"存量时代"成为近日各大酒店行业活动上被提及最多的词之一。这并不单独存在于酒店行业，而是经过前几年飞速发展后，中国经济整体进入存量时间。2022年5月，国务院办公厅发布《关于进一步盘活存量资产扩大投资的意见》，要求加大盘活存量资产政策支持，切实做好盘活存量资产工作。

三、酒店品牌定位存在的问题

（一）品牌定位缺少核心价值

品牌的核心价值是品牌定位的精髓，往往通过酒店产品的独特性得以体现。相当一部分酒店没有认真分析消费者的需求，因此就不能很好地将酒店产品的独特性，尤其是最能为消费者提供怎样的服务凸显出来，使消费者对该酒店的品牌定位不太明晰。要知道，酒店产品之所以能被消费者接受，主要是因为它能为消费者带来某些使用价值和利益，满足消费者某个方面的需求，使得标定在该产品上的品牌具有了与其他品牌较明显的差异化。

（二）品牌定位混乱

一是定位过低。酒店品牌定位过低，宾客群对酒店和酒店产品的印象就会低于客观实际，即便酒店是有较强经济实力的酒店，即便酒店产品是好产品，但因为定位不准，宾客就会认为酒店及酒店产品很一般，远不如其他酒店。某五星级酒店曾不得已推出"五星享受、工薪价格"的服务，但并没有收到预期的效果，原因就是定位过低。高消费的宾客认为在这家酒店消费会影响自己的身份和形象，工薪阶层又觉得这可能是个美丽的陷阱，不敢贸然消费。二是定位过高。酒店品牌定位过高，会使消费者对酒店和酒店产品的认知超过酒店的实际。假如酒店立足的是普通宾客市场，却将酒店产品定位于"豪华""精品"之类，那么目标市场中的普通客人自然不敢问津。

酒店资讯

存量赛道"激战"正酣——万达酒店全链条定制杀出"逆风盘"

任务拓展训练

走进万达酒店及度假村

万达酒店及度假村始于 2007 年，秉承"以人为本，关爱每位员工，温暖每位客人,尽责每位合作伙伴"的核心价值观,及"务实创新,发扬中华文化"的公司理念,致力于成为具有价值、以酒店为核心的资产管理公司。万达酒店及度假村是打通酒店开发、建设及管理的全产业链公司,涵盖酒店设计、酒店建设、酒店管理三大核心板块。万达酒店及度假村目前拥有已开业酒店100余家,筹建及待开业酒店180余家,覆盖全球160余座城市。

请你写出万达酒店及度假村集团旗下十一大酒店及公寓品牌,并标注其档次,同时选择一个你印象最深的品牌写出其品牌定位。

项目思考题

1. 请简述USP理论、品牌形象理论与定位理论的关系。
2. 请阐述无差异型目标市场策略的优缺点。
3. 请概括酒店品牌定位的方法。
4. 请分析酒店品牌重定位的必要性。

任务拓展训练答案集锦

任务一　　　　任务二　　　　任务三　　　　任务四

项目拓展训练

市场细分专家——万豪

万豪国际是世界上最著名的酒店管理公司之一,是各大商界杂志和媒体的报道常客,以酒店房间为基准的话,万豪国际无疑就是世界上最大的酒店公司,旗下共有30个品牌,7000多家酒店,分布在131个国家和地区,房间数量达到130多万间。

万豪国际起源于1927年。那时老万豪先生与夫人Alice新婚后在华盛顿特区开了第一家A&W根治啤酒特许经营店。同年，万豪夫妇在他们的菜单上增加了热气腾腾的食物——"热卖店Hot Shoppes"的名字由此诞生，并很快开启了连锁经营。美味的食物、优质的服务以及公正的价格成为连锁店的经营原则，这个优良的DNA也一直传承到了现在的万豪国际。目前，万豪的奢华、高级、精选以及常住品牌基本上全部入驻中国，分布在中国100多个城市和地区。在2020年《HOTELS 325》推出的2019酒店集团规模排名中，万豪居第四位。在第三届中国国际进口博览会期间，万豪国际集团在上海宣布，将持续加速中国区发展。

八仙过海，各显神通，不同的行业有不同的成功之道。就酒店业而言，企业在品牌及市场细分上就各有特色：希尔顿、香格里拉等这样单一品牌公司通常将内部质量和服务标准延伸到许多细分市场上；而"万豪"则偏向于使用差异型目标市场策略来满足不同细分市场的需求，使用这种策略的信心就建立在对目标顾客需求的了解之上，并有能力创造一种产品或服务来满足这种需求。

在美国，许多市场营销专业的学生最熟悉的市场细分案例之一就是"万豪酒店"，它针对不同的细分市场成功推出了一系列品牌，如Fairfield（万枫）、Courtyard（万怡）、Marriott（万豪）以及Marriott Marquis（万豪伯爵）等。在早期，万枫是服务于销售人员的，万怡是服务于销售经理的，万豪是为业务经理准备的，万豪伯爵则是为公司高级经理人员提供的。后来，万豪酒店对市场进行了进一步细分，推出了更多的酒店品牌。

在"市场细分"这一营销行为上，"万豪"可以被称为超级细分专家。在原有的

四个品牌都在各自的细分市场上成为主导品牌之后，万豪又开发了新的品牌。在高端市场上，丽思·卡尔顿酒店为顾客提供高档次的服务，赢得了很高的赞誉并备受赞赏；万丽作为间接商务和休闲品牌与万豪在价格上基本相同，但它面对的是不同的顾客群体；在低端酒店市场上，万豪酒店由 Fairfield inn 衍生出 Fairfield Suite，从而丰富了自己的产品线；位于高端和低端之间的酒店品牌是万豪唐普雷斯、万怡等，他们分别代表着不同的价格水准，并在各自的娱乐和风格上有效进行了区分。伴随着市场细分的持续进行，万豪又推出了 Springfield Suites，比 Fairfield Inn 的档次稍高。

我们仔细分析该酒店的品牌战略，就会发现万豪的一贯做法就是通过市场细分来挖掘市场空白，正是这些市场空白成了万豪酒店成长的动力和源泉。万豪一旦发现有某个价格点的市场还没有被占领，或者现有价位的某些顾客还没有被很好地服务，它就会马上填补这个空白。丽思·卡尔顿这个品牌经营得非常好而且发展得很快，该酒店甚至根本不用提自己是万豪旗下的品牌。还有被称为高定版的丽思·卡尔顿隐世度假酒店，该品牌仅在那些风景秀美且保持着原始生态的隐世之所建造，中国首家丽思·卡尔顿隐世度假酒店就坐落在九寨沟，于 2022 年开业。

值得一提的是，针对中国中端酒店市场，万豪国际又有了不同的玩法，它打出了一张组合牌——经典款的"万枫"和时尚款的"Moxy"相结合。定位为全球精选商旅酒店品牌领导者的万枫，是万豪旗下酒店数量排名第二的品牌，秉承了一贯"舒适、可靠"的招牌式服务，去繁求简，倡导"简约之美"。万枫酒店的风格简约而不失温暖，经典而不失现代；它的客户接受面非常宽，适合男女老少，也适合商务或休闲；同时，由于产品标准化和设计模块化，也很容易控制投资成本和装修效果，因此万枫在中国市场上实现了较快的发展。

而 Moxy 品牌是万豪集团针对年轻而又躁动的灵魂所精心设计的品牌线，具有小 W 之称，酒店炫紫色的 LOGO 引人注目，迷离而又奔放，就像是 Moxy 本身的定义——Now and Wow 享受放下，惊喜人生。酒店的核心在于"有趣、前卫、社交"，用一种新的方式诠释精品活泼的概念，可以聚集社交群体。在中国，万豪也坚持 Moxy 的室内设计师必须是富有设计酒店经验的，当前已经有多家在精品酒店领域颇有建树的大牌或新锐设计公司表达了浓厚的设计兴趣。Moxy Hotels 品牌已陆续在上海、南京、深圳、西安等城市亮相，为更多年轻旅行者演绎不拘一格的品牌风格。

万豪集团虽然采取的是多品牌战略，但其可持续发展的背后还离不开标准化的坚持、对细节的品控和稳定的发展步调。对于万枫和 Moxy 而言，最近几年万豪的发展策略是质量优于数量。他们不会为了追求数量，去跟随他们的竞争对手，开发一些不符合万豪基本要求的酒店项目，如和其他物业共用大堂和电梯，接受部分没有窗户和自然采光的客房，接受住宅楼改造成酒店，或者改变万枫的定位去做全套房酒店。对于Moxy，万豪在2021—2023年的策略是：只在中国综合经济发展水平前20位的城市进行发展。事实上，在万豪国际集团漫长的发展历史中一直存在着一个年增长目标的魔法数字"20/20"，即20%的销售增长和20%的股本回报。这个好记的数字成为万豪国际一个容易记住的目标，也有利于在杂乱无章的数字中建立一种"秩序感"。

这样的发展理念贯穿了一代又一代的万豪人。从万豪国际集团的发展来看，这是一条可持续发展的路、一条基业长青的路。这不只是给酒店业的，更是对所有企业发展的启示录。

94岁的万豪是酒店服务理念创建者，是酒店经营管理的老专家，更是酒店资本扩张的采金人。

思考：请分析万豪针对中国市场所采用的定位策略。

项目实训

酒店品牌定位

【实训内容】

1. 查阅相关资料，选取某一家酒店，结合所学知识对该酒店品牌的市场定位进行分析。

2. 运用本章节的知识，结合新冠肺炎疫情对旅游行业的影响，分析酒店重定位发展趋势。

【实训成果】

1. 汇总并撰写当前酒店品牌市场定位方案。

2. 以小组为单位展示重定位发展趋势报告，可采用PPT汇报或文档的形式。

【实训计划】

1. 确定组内角色及分工

组长：_____　　　任务：_____

组员1：_____　　　任务：_____

组员2：_____　　　任务：_____

组员3：_____　　　任务：_____

2. 查阅资料，归纳整理

（1）你们组选择的酒店品牌是哪个？

（2）简述这一酒店品牌的市场定位。

（3）新冠肺炎疫情对旅游行业的影响主要有哪些？

3. 完成文稿的撰写，并上传于线上学习平台

（1）所选酒店品牌市场定位方案（Word 或 PDF 文件）

（2）新冠肺炎疫情背景下，酒店重定位发展趋势报告（PPT 或 Word 文件）

项目笔记

_____

_____

_____

_____

_____

项目评价

活动	评分标准	自我评价	小组评价	教师评价
任务拓展训练（20分）	任务一拓展训练，答对全部记5分			
	任务二拓展训练，答对全部记5分			
	任务三拓展训练，答对全部记5分			
	任务四拓展训练，答对全部记5分			
项目完成过程（40分）	能正确理解任务资讯的相关内容（5分）			
	能获取相关行业、酒店资讯（5分）			
	通过小组讨论与自学，利用信息化教学资源、互联网等完成活页（5分）			
	认真思考，积极动手、动脑（5分）			
	能很好地展示活动成果（10分）			
	积极参与小组合作与交流，配合默契，互帮互助（10分）			
实训作品效果（40分）	文稿美观，要素完整（10分）			
	表达流畅清晰（10分）			
	文稿内容无专业错误，客观真实（10分）			
	整体效果（10分）			
合计				
自我评价与总结				
教师点评				

第四章
品牌之芽的萌生

每个人都有一个名字、一张面孔、一款行事风格、一种交流方式，不同的个体会给他人留下不同的印象。名字、面孔、行事风格、交流方式都是每个人的个人品牌，对于酒店来说，名称、外观、产品类型、服务方式就是不同酒店的酒店品牌。品牌设计是酒店品牌管理的一项基础性工作，对酒店品牌管理的其他工作有着重要的先导作用。因此，在培育酒店品牌之"芽"萌生之初，酒店就应着手设计好酒店品牌的名称、LOGO、颜色、口号等要素，认真做好酒店品牌的形象策划，打造酒店之"树"的专属身份证，通过品牌传递酒店的经营理念、文化底蕴和服务宗旨，以更好地被消费者所熟悉、认同和接受。

项目导航

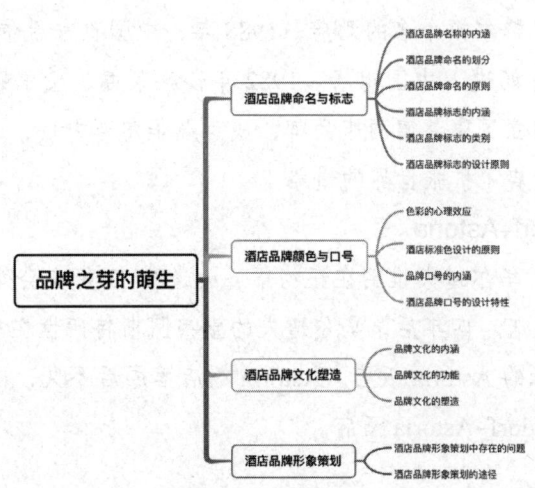

项目目标

知识目标:

①掌握酒店品牌名称、品牌标志、品牌颜色和品牌口号设计的原则

②理解品牌文化塑造的内涵、功能及塑造方式

③分析酒店品牌形象策划中存在的问题并优化改善措施

实践目标:

①能运用各种设计与分类原则来分析酒店品牌实例

②能结合本章节的知识,发挥创新思维,设计独特的酒店品牌名称、品牌标志、品牌颜色和品牌口号

行业资讯

国际酒店名称背后的故事

孔子曾说:"名不正则言不顺,言不顺则事不成。"《汉书》有云:"兵出无名,事故不成。"有句俗话也说:"不怕生坏命,就怕取坏名。"从中不难看出"名"的重要性。对于酒店来说,品牌就是它的"名",一个好的名称极有可能孕育出一个好的品牌。人们耳熟能详的国际酒店大都有一个充满意蕴的名称,这些名字背后也大都有一个有趣的故事。

希尔顿与康莱德 Hilton & Conrad

1925年,希尔顿酒店集团的创始人康莱德·希尔顿(Conrad N.Hilton)在达拉斯创立了全球首家以希尔顿命名的酒店。1988年,中国首家希尔顿酒店在上海开业,标志着希尔顿集团开始进入中国市场。1982年,康莱德·希尔顿的儿子巴伦·希尔顿以父亲的名字,创立了康莱德酒店品牌,成为继华尔道夫后,希尔顿集团旗下又一高奢酒店品牌,并开启了扩张世界的道路。

华尔道夫 Waldorf-Astoria

1893年,威廉·华尔道夫推倒在纽约第五大道和33街交会处的大宅,盖起了13层楼高的华尔道夫饭店。四年后,华尔道夫的堂弟阿斯特四世在华尔道夫隔壁筑起了更为恢宏、更为奢华的Astoria饭店。Astoria饭店落成后不久,便宣告与一墙之隔的华尔道夫合体成Waldorf-Astoria酒店。

喜来登 Sheraton

有人也许认为"喜来登"也是来自酒店创始人的名字，但事实并非如此。喜来登酒店的缔造者是恩斯特·亨德森，后来被大众称为"喜来登先生"。1941 年，恩斯特·亨德森想收购四家酒店并统一命名，正当他考虑如何命名时，觉得四家酒店之一的波士顿喜来登酒店建筑上的招牌气派而昂贵，若要把它替换掉又得花费不少钱，于是他索性决定把酒店名称统一为喜来登酒店。

丽思·卡尔顿 Ritz-Carlton

丽思·卡尔顿是巴黎丽兹酒店和伦敦卡尔顿酒店的合称，而这两家酒店都是由"酒店之王"凯撒·里兹一手缔造的。1993 年，丽思·卡尔顿在香港开业了一家酒店，但 2008 年被改建成了商厦。广东人习惯将 Ri 读成 Li，Carl 又跟广东话"嘉"非常近似，所以 Ritz-Carlton 在被翻译成中文的时候就成了丽嘉。后来上海的波特曼酒店被 Ritz-Carlton 接管后改名为波特曼丽嘉酒店。早期的内地市场把 Ritz-Carlton 翻译成利兹·卡尔顿，并逐渐被 Ritz-Carlton 所采用，后来就成了丽思·卡尔顿。

文华东方 Mandarin Oriental

文华东方酒店集团最早创立于 1963 年，前身是位于香港的文华酒店。"东方"二字是后来加上去的。一是因为文华酒店公司收购了曼谷最具传奇色彩的东方酒店，加上"东方"可以充分借用东方酒店的全球声望；二是因为新加坡有一家文华酒店，加上"东方"以示区分。因此，文华东方酒店品牌可以说是香港文华酒店和曼谷东方酒店两家酒店的联名合称。

香格里拉 Shangri-La

香格里拉一词来自詹姆斯·希尔顿的小说《消失的地平线》，意指中国西藏群山中的世外桃源。香格里拉是酒店行业内公认的"好名字"，意境深远、别具一格。

安缦 Aman

1988 年，印度尼西亚出生的 Adrian Zecha 在普吉岛创造了安缦酒店品牌。Aman 在梵语里是和平、安静的意思。无一例外，安缦酒店的选址都是在与当地地貌、文化和历史契合度最高的自然环境中，远离尘嚣，风景优美。目前，我国国内有三家安缦酒店，分别是北京颐和安缦、杭州法云安缦和丽江大研安缦[①]。

思考：除了以上的命名方式，你还知道哪些有趣且独特的命名方式呢？

---

① HotelShare. 这些酒店名字的由来居然都是人名！［EB/OL］.https://mp.weixin.qq.com/s/C9brIuPCbybPkzxGBO9F_Q.

第一节　酒店品牌命名与标志

任务描述

选择并设计好品牌的名称、标志等显性因素是成功打造品牌的重要一环。一方面，酒店的名称、标志包括广告语等都是酒店核心价值、个性和文化的载体和反映；另一方面，好的品牌名称和标志能够在第一时间吸引消费者的注意力，使之成为潜在的消费群体，达到先入为主的效果。本节内容将会具体介绍酒店品牌名称的内涵与命名原则，酒店品牌标志的类别与设计原则。

任务目标

- 理解酒店品牌名称、品牌标志的内涵
- 明晰酒店品牌命名的划分与酒店品牌标志的类别
- 掌握酒店品牌命名的原则与酒店品牌标志的设计原则

任务资讯

一、酒店品牌名称的内涵

品牌名称是形成品牌概念的基础，是品牌最直接的外在体现。品牌名称有可能是企业名称，也有可能是商标名称。好的品牌名称不仅可以引起消费者的独特联想，还可以准确反映产品的特点，产生强烈的冲击力，刺激宾客的消费心理，增强宾客的购买欲望。好的品牌名称还可以有效提高酒店和酒店产品的形象。

二、酒店品牌命名的划分

1. 人名命名

人名命名，即直接以人物的名字作为品牌的名称，而这些人物大多是酒店的创立者或设计者。例如，希尔顿（Hilton）、康莱德（Conrad）、万豪（Marriott）等酒店名称都是以酒店创立者的名字来进行命名的。

2. 地名命名

地名命名，即以酒店所在地或所在地的山川湖泊、名胜古迹的名称作为品牌名称。如河南驻马店是古代的一个驿站，故称"驿城"，所以当地就有以此命名的"驿城宾馆""驿都酒店"等。

3. 植物动物命名

植物动物命名，顾名思义，就是以植物或动物的名字作为品牌名称。国内以这种方式命名的酒店有"牡丹大酒店""白天鹅宾馆""红树林酒店"等。

4. 古典诗词命名

古典诗词命名，即从古代文字或文学中选出合适的词语作为品牌名称，这种命名方式能够为酒店品牌增添几分传统文化色彩，如"满江红宾馆""沁园春宾馆"等。

5. 行业命名

行业命名，特指某些行业投资兴建的一些酒店以自身的行业性质和业务特点来进行命名。比如，邮电系统投资兴建的酒店，就命名为邮电宾馆；石油煤炭部门投资兴建的酒店就叫石油煤炭大酒店；中国土木建筑总公司投资兴建的酒店，就命名为中土大厦酒店。

6. 其他方式命名

除以上命名方式外，国际酒店集团有很多旗下品牌的命名都采用"品牌+地名"的方式，如 Holiday Inn、Shangri-La、Westin 等在全球布局的酒店大多是以"集团品牌+城市名称"来命名的，如 Shangri-La Hotel Beijing、Shangri-La Hotel Singapore、The Westin Taipei 等。这种命名方式可以借助这些知名酒店集团良好的品牌效应、成熟的品牌形象，在短时间内让消费者熟知并接受，还能节省大量广告宣传费用，在经营促销上的优势不言而喻。

三、酒店品牌命名的原则

著名营销家麦卡锡认为，好的品牌应具有这 12 大特征：简短、易拼易念、易识易记、容易发音、发音唯一、最好能在各国语言中发音相同、暗示着产品利益、适应包装标志需要、无污秽和负面联想、始终不过时、适用于各种广告媒体、能合法地使用。因此，酒店在命名品牌名称时，一般应以下面几点为原则。

1. 精练概括，朗朗上口

高度的概括力意味着易记忆、易识别，对宾客的消费心理和感官都能带来积极的影响。很多知名度较高的酒店品牌名称都是非常简洁的，如假日、七天、四季等。同时，品牌名称还要易于上口，不易发音或韵律不佳的，都不适合用作酒店的品牌名称。

2. 新颖别致，个性鲜明

品牌名称应标新立异、不落俗套，应体现酒店的个性与风格，便于与其他酒店品牌名称相区分。例如，W 酒店在品牌命名上就大胆创新，以单个英文字母命名，给宾客以简约而不简单的印象和感受，这种命名方式与 W 酒店特立独行的个性与风格也是相一致的。

3. 富于联想，美好寓意

品牌命名既要富有新意，又要富有深意，既能够引人无限遐想，又能够蕴含万千寓意。比如，"汉庭"的名称就比较值得品味，有"汉室兴旺，日角龙庭"的一层寓意。

4. 合法合规，国际通用

品牌命名不能率性而为，要符合相关的法律法规要求，不应有侵权等行为，也不应违反注册等规定。只有这样，酒店才能得到法律的保护，也才能更好地维护自身的权益。同时，不管是国内酒店品牌还是国际酒店品牌，都应注重品牌名称的通用性，以免出现"水土不服"的现象。

▎酒店资讯

<h3 style="text-align:center">香格里拉酒店名称的由来</h3>

四、酒店品牌标志的内涵

品牌标志（brand logo）是企业识别系统（CI）的重要组成部分，是区别不同品牌的视觉符号，也称为视觉识别（VI）。品牌标志大多采用图案、文字，或者辅以一定的色彩，给人以视觉上的冲击力和感染力，不但容易让人辨识、记忆，而且能让人产生联想。

酒店品牌标志是酒店品牌中最容易被识别的那部分文字、图形以及色彩的组合，它是宾客识别酒店的一个重要工具，代表着酒店的形象、特征，甚至信誉和文化。酒店品牌标志自身能够影响宾客认知、宾客联想和宾客对企业的偏好，进而影响品牌标志体现的酒店产品质量与宾客的品牌忠诚度。

五、酒店品牌标志的类别

1. 图形标志

图形标志是以形象图案或抽象图案作为标志的设计元素。形象图案如苹果公司的"一个被咬了一口的苹果"、中国银行的"中"字古铜板；抽象的图案如奥迪汽车的"四个紧扣圆环"、宝马的"蓝天白云螺旋桨"。

2. 文字标志

文字标志是用中文或英文的文字作为标志的设计元素，以品牌全称或品牌的首字母来作为品牌标志。文字标志往往是将酒店的品牌名称和品牌标志融合到一起，直截了当地将品牌名称展示给消费者，利于消费者对品牌名称的辨识和记忆。

例如，W酒店的标志是一个硕大的灰色字母"W"，简洁明了，让人过目不忘。

3. 图文标志

与单纯的文字标志或图案标志相比，图文标志的优点更为突出。它既能通过文字很好地展示出品牌名称，又能凭借直观、醒目、多元的图案来激发消费者联想。因此，很多酒店品牌选择采用图文标志，有的直接将品牌名称中的某个文字或字母转化为图文标志。比较形象的图文标志如汉堡王（Burger King），图案的外形是一个汉堡，中间夹着英文"Burger King"，让人一看就知道是汉堡餐厅。相对抽象的图文标志有文华东方酒店（Mandarin Oriental）的标志，它的外观是一把扇子，暗示着酒店品牌诞生于东方，金色又代表着奢华、雅致。

六、酒店品牌标志的设计原则

1. 简洁鲜明

品牌标志是消费者认知品牌的重要媒介。不论是单纯的图形或文字标志，还是合一的图文标志，都要做到简洁明了、特色鲜明、图文色彩搭配合理，既要具有强烈的视觉冲击力，又能给消费者带来广阔的联想空间。

2. 独特新颖

优秀的品牌标志应当设计新颖、造型独特、富有创意，或者说应当具有一定的艺术性。品牌标志越是与众不同、个性突出，就越能引起消费者的注意和共鸣，也越能取得成功。

3. 优美精致

品牌标志的设计要讲究整体的均衡性、对称性和协调性，使之造型优美、大方精致。同时，品牌标志的设计还要充分考虑适应性，以确保品牌标志在未来的很长一段时间内都能满足酒店发展的需要，以及在各种场合和用途中都不至于发生让市场和消费者误读、误解的情况。

4. 寓意深刻

品牌标志的设计除了要简洁鲜明、独特新颖、优美精致之外，还必须寓意深刻。

由于品牌标志的设计空间比较有限,而品牌标志所要传递的信息却十分多元,包括酒店的服务理念、个性特色等,因此品牌标志的设计必须别出心裁、富有寓意、耐人寻味。香格里拉酒店的品牌标志设计就比较经典。标志以"Shangri-La"的首字母S作为整体外观,S中间部分的横线象征着遥远的地平线,S的上半部分既像山峦又像亚洲风格的建筑,S的下半部分就像是上半部分在清澈水面的倒影,寓意高远、神秘、恬静、祥和。

相关行业拓展资讯

香奈儿LOGO背后的故事

任务拓展训练

探寻酒店品牌命名的奥秘

在本任务中,资讯主要介绍了六种酒店品牌的命名方式,请你查阅相关资料,写出各种命名方式中让你印象最深的三家著名酒店。

• 人名命名:_____

• 地名命名:_____

• 植物动物命名:_____

• 古典诗词命名:_____

- 行业命名：_____
- 其他方式命名：_____

第二节　酒店品牌颜色与口号

任务描述

色彩是搭建沟通的桥梁，它能够触发人的视觉器官，传递某种信息。色彩是品牌标志设计的重要元素，能否选用合适的色彩作为酒店品牌的标准色关乎整个品牌标志设计得成功与否。标准色是用来代表酒店品牌及服务特性的颜色，又称标志色。很多酒店在品牌标志设计上都有着自己的用色原则，并能够打造出让人印象深刻的色彩记忆。本任务将重点介绍色彩的心理效应、酒店标准色设计的原则、品牌口号的内涵及设计特性等内容。

任务目标

- 了解色彩的心理效应
- 掌握酒店标准色设计的原则
- 理解品牌口号的内涵
- 掌握酒店品牌口号的设计特性

任务资讯

一、色彩的心理效应

1. 红色的心理效应

在可见光谱中，红色的光波最长。红色极富刺激性，给人带来一种迫近感和扩张感，以及活泼、生动和不安等由暖色所引起的兴奋感。红色蕴含着力量、热情、积极向上和无限冲动。许多酒店企业的品牌标志以红色为标准色，就是取其视觉上的巨大冲击力。

2. 橙色的心理效应

橙色明亮醒目,能见度比较高,能够强烈刺激人们的视神经,极易使人注意到,且一般不会和其他颜色混淆。橙色是明亮、醒目、活泼、温暖的颜色,象征着充足、饱满、活力、健康等。有实验表明,橙色能使人的血液循环速度加快,还能激发人的食欲,给人以香蕉般的香甜之感。同时,橙色也是一种警戒色,如消防服、救生衣等都是橙色的。

3. 黄色的心理效应

黄色是一种令人愉快的颜色,能够给人以忠诚幸福、辉煌光明、庄重高贵、跃动轻快的感觉,很多年轻人对黄色情有独钟,家居用品及个人物品都选择鲜亮的黄色。

4. 绿色的心理效应

绿色代表着生机和希望,预示着青春力量、勃勃生机,寓意着人与自然的和谐共存。绿色象征着和平与安全、祥和与平静,给人以自信心和忍耐力。

5. 蓝色的心理效应

蓝色代表着沉稳,是比较内敛的色彩,能让人联想到蓝天、海洋、远山、严寒,给人以深远、透明、沉静、凉爽的感觉。蓝色也象征着现代科学,给人以智慧和力量,使人感到深奥莫测。在有的西方国家,蓝色又是消极、忧郁的同义词,是不吉利的象征。

6. 紫色的心理效应

紫色是高贵、感性、神秘的色彩,给人以浪漫、个性、奢华和优越感。在古代中国和日本,紫色一般都是高官显宦阶层的服饰颜色;在古希腊,紫色也用于国王的服饰。

7. 黑色的心理效应

黑色是一种厚重的、消极的色彩,具有深沉庄重、严肃大方、坚定坚毅的特点,也象征着悲哀、沉默、肃穆、绝望和死亡。

8. 光泽色(金、银色)的心理效应

这类颜色比较有光泽、十分耀眼,给人以辉煌、珍贵、华丽、高雅等感觉,但也会给人浮夸、庸俗等不适感。

二、酒店标准色设计的原则

1. 借助品牌标志款式,体现企业个性色彩

成千上万个酒店企业的品牌标志都有自己的标准色,但无论酒店选择什么样的色

彩，人眼可视的无非就是赤橙黄绿青蓝紫黑白这几种。因此，品牌标志的标准色出现很高的重复率和相似度是难免的。在这种情况下，酒店企业应尽量通过图文标志设计款式上的不同来减少颜色趋同带来的不利影响，选择与图文能够相得益彰的颜色，努力体现酒店的个性和产品的特色。作为中国经济型酒店的知名品牌，锦江之星在色彩设计上采用了红色，以此来传达奔放、热忱、温暖等个性特点。再如，美国经济型酒店代表速8酒店，品牌标志由红、黄、黑三色构成，颜色搭配层次鲜明、时尚醒目。

2. 着力突出企业风格，反映酒店服务理念

酒店品牌标志的设计既要突出酒店的风格特点，又要很好地反映酒店的服务理念，标准色的选择也必须坚持这个原则。由于色彩引起的视觉效果很容易给人留下深刻的印象，因此，选择恰当的标准色对展示酒店形象、传达酒店理念具有十分重要的作用。比如，香格里拉酒店选择了代表庄严的黑色和代表权威的黄色，二者结合也寓意了该品牌的高等级，这也传递出香格里拉为繁忙的旅客打造豪华下榻地的主题。

3. 符合大众消费心理，努力适应国际潮流

酒店应特别注意品牌标志的颜色设计，尽量采用社会大众都能普遍接受的主流颜色，避免采用一些非主流的禁忌色，以免影响消费者的消费欲望。同时，开展国际经营、参与国际竞争的酒店集团在选择标准色时，要兼顾国际审美、符合国际潮流。例如，雅高、喜来登、希尔顿等酒店集团的LOGO颜色都特别简洁，体现了现代化与国际化的发展趋势。

|酒店资讯|

丽思·卡尔顿新 LOGO 的变与不变

三、品牌口号的内涵

品牌口号是指能体现品牌理念、品牌利益和代表消费者对品牌的感知、动机和态度的宣传用语。一个好的品牌口号能够统领员工的思想，规范员工的行为，推动旗下的业务，也可以向消费者和社会公众诠释品牌的核心价值，为消费者提供品牌的记忆点，使消费者感受不一样的品牌文化。

品牌口号通常为一个词组或短句，主要用来解释或解决以下几个基本问题：①我是谁？②我能给你什么？③我主张什么？

"我是谁"相当于酒店的自我介绍，主要是表明自己的属性和个性，如雅高集团旗下的诺富特套房酒店（Suite Novetel）就称自己是"新一代的酒店"（New generation of hotel）；"我能给你什么"是指本酒店品牌能给消费者带来怎样的价值和利益，如洲际酒店的"明白所需、满足所想"（We know what it takes）、万豪酒店的"全心为你"（Thinking of you）；"我主张什么"说的是品牌所体现的价值观和人生信念，如假日酒店的"自在自我"（Be yourself）、康莱德酒店的"做高贵的你"（The luxury of being yourself）等。不论什么样的品牌口号，都要努力做到与消费者产生共鸣，从而使消费者认同、接受自身的品牌。

四、酒店品牌口号的设计特性

1. 价值性

作为传递酒店品牌相关信息的媒介之一，品牌口号最主要的作用就是表达酒店的价值观念和经营理念，以获得消费者的认可。有一部分酒店品牌习惯于喊一些空洞的口号，如"迎四海宾朋，候八方来客""倾情奉献，为您服务"等，这些口号没有太大的实际意义，也体现不出酒店品牌的任何价值主张。

2. 独特性

同酒店品牌标志一样，品牌口号作为区别于其他竞争者的一个符号，同样需要体现出与众不同的差异性。很多档次不高的酒店品牌没有用心设计专属的品牌口号，导致很多口号都大同小异，如"顾客是上帝""宾客至上、服务第一"等。为了避免被抄袭，具有维权意识的酒店都会事先通过注册的方式来保护自身的品牌口号。

3. 稳定性

在酒店品牌的核心价值没有发生重大改变的前提下，酒店的品牌口号通常不应轻易改变。稳定的品牌口号利于培养稳定的消费群体，多变的品牌口号使人觉得酒店的发展思路和服务理念飘忽不定，不利于在消费者心目中树立良好的形象。

3. 易记性

不论是以一个短语还是一个短句作为酒店的品牌口号，都要尽量做到易懂易记。过于晦涩难懂、冗长繁杂的品牌口号不利于人们记忆，进而不利于消费者接受和认同，最终势必影响酒店的长期发展。

任务拓展训练

探寻潮牌酒店品牌的标志色

在"90后""95后"，甚至于"00后"正逐渐成为消费主力的当下，每个酒店都在绞尽脑汁"讨好"年轻族群，因为他们就是未来。结合年轻族群的需求，各大酒店集团也陆续开业了一些年轻时尚的潮牌酒店，请你查阅相关资料，了解这些潮牌个性酒店品牌的标志颜色的特征，并写出你印象最深的潮牌个性酒店品牌与其所使用的标志颜色。

1._____

2._____
3._____

第三节　酒店品牌文化塑造

■ 任务描述

品牌文化是品牌所凝练的价值观念、生活态度、审美情趣、个性修养、时尚品位、情感诉求等精神象征，代表着一种价值观、一种品位、一种格调、一种时尚、一种生活方式。品牌文化能潜移默化地影响消费者的心智，影响消费者的需求。没有文化底蕴的品牌，注定只是冷冰冰的标志、符号、代码，而不能赋予消费者更多的向往和价值，也不能在心理和情感上为消费者带来满足。本任务将会具体介绍品牌文化的内涵、功能以及塑造。

■ 任务目标

- 理解品牌文化的内涵
- 了解品牌文化的功能
- 掌握品牌文化的塑造方法

■ 任务资讯

一、品牌文化的内涵

品牌文化（brand culture）是某一品牌的拥有者、购买者、使用者或向往者之间共同拥有的、与此品牌相关的独特概念、价值观、仪式、规范和传统的综合。品牌文化是品牌附加价值的源泉，是品牌设计、品牌定位、品牌个性的升华，是品牌形象塑造的主要内容，也是消费者品牌关系的纽带。

二、品牌文化的功能

1. 内化

内化是巩固和植入信念、态度和价值的过程。品牌文化的内化功能就是将品牌所持有和主张的观点、信念灌输到消费者的头脑中，使消费者逐渐接受和认同品牌的观点、信念，并影响消费者的态度和行为。

2. 象征

品牌文化的象征功能是指消费者习惯于选择某品牌的产品及形象，以体现自身的身份、社会阶层或者生活态度。星巴克咖啡象征着休闲的时光和美式生活的乐趣，国内很多年轻人喜欢使用星巴克咖啡出品的保温杯，杯子本身未必有多么与众不同，这些年轻人只是想通过星巴克的保温杯来彰显自己的品位和生活态度。

3. 传承

品牌文化的形成需要很长一段时间的积淀，而品牌文化一旦形成，便会具有一定的延续性，并对消费者产生持续性的影响，也会被酒店持续传承。如当下的任何一家华尔道夫酒店都很好地传承了其鼻祖——纽约华尔道夫酒店形成的品牌文化，消费者无论走到哪一家华尔道夫酒店，都能充分感受到这个品牌所传承下来的浓郁的文化气息。

4. 聚合

品牌文化是一群社会成员共有的一套理念和价值观，而人作为社会性动物都有从其他社会成员获取身份认同的心理需求。品牌文化的聚合功能也激发酒店积极建设品牌社区，开设会员体系，以满足宾客的心理需求。

5. 导向

品牌文化的导向功能是指可以为消费者的判断和行动提供参考、方向和标准。例如，苹果公司以"极简"的工业设计和用户体验设计著称，简洁设计已经成为"果粉"们认同的"苹果文化"中的一部分，他们对苹果电脑专用鼠标的单键设计津津乐道。2006年，苹果公司推出了新的四键加滚动球鼠标，"果粉"们又认为四键产品比普通的两键产品更"简洁"一些。实际上，这是苹果品牌的文化左右了他们的想法。

> 酒店资讯

国潮当道，酒店也迎来"文艺复兴"

三、品牌文化的塑造

品牌文化的塑造包含四个层次：①质量、功能，要能够满足最基本要求的质量和功能；②包装、形象，包括包装、LOGO、VI、名称、外形等；③故事、人物，指附带在品牌之上的传奇故事和代表人物；④理念、价值，即迎合目标客户的内在理念和核心价值。

1. 创造象征符号

酒店品牌的名称、标志、颜色、口号等都是酒店的象征符号，这些象征符号是酒店品牌的外在体现。品牌文化也是一种象征符号，是酒店品牌的内在体现。设计好品牌名称、标志等外在象征符号，塑造好品牌文化等内在象征符号，就能获得消费者在感官和心灵上的双重认可。

2. 塑造品牌领袖

许多酒店品牌习惯将其品牌创始人塑造成品牌领袖。品牌创始人的一言一行和人格魅力很容易成为消费者对品牌认知的一部分，这些创始人作为企业领袖，往往也可以通过传输理念、讲述故事、确立承诺、表达主张、彰显个性等人性化的方式影响消费者建立起对本酒店品牌的文化认同。

3. 厚植文化基础

国内酒店在塑造品牌文化的过程中，可以将酒店品牌文化与中国传统文化，包括民族民俗文化、地域文化等结合起来，形成既有特色又有底蕴的品牌文化。

4. 传播品牌故事

传奇故事总能引起人们好奇、带给人们触动，尤其是那些更离奇、更戏剧的励志、创业故事更能让人肃然起敬，也更能让人奋发向上。因此，各个酒店也要讲好品牌故事，包括企业领袖的奋斗故事、企业创业故事、品牌重大事项或转折故事等，通过品牌故事来塑造品牌文化，获得市场的认可、接受并自觉成为品牌文化的宣传者。

行业领袖

季琦（1966年10月—），企业家，出生于江苏南通，毕业于上海交通大学，是携程旅行、如家快捷酒店、华住集团创始人，扫描下方二维码查看季琦和他的酒店王国故事。

任务拓展训练

探寻国潮酒店

随着我国经济提升、大国崛起，民族自信、文化复兴等社会思潮，中国制造、科技创新、政策支持等一系列条件耦合，国货潮流开始席卷各个产业消费领域。国潮的基础要义是继承五千年的中华文化，外在表现是潮，即结合当下新消费、新市场、新技术后产生的新物种。国潮酒店发展现状是以中高端酒店和生活方式类为主，融入古风古韵、中式禅意、地域文化、传统国牌和国风国粹等元素发展。

目前市场上主要有3类酒店集团，对旗下的中高端品牌进行国潮元素融入。第一类是旗下所有品牌及集团核心品牌均以国潮风格为品牌文化；第二类是全国连锁酒店集团推出国潮类品牌，进行品牌焕新和新消费客群的获取；第三类是国际酒店集团针对中国市场变化，推出以东方文化为产品服务的品牌、酒店建筑设计元素均为中式，来获得中国客群的青睐。请你查阅相关资料深入了解目前市场上主流的国潮酒店品牌的文化，并写出上述三类酒店集团的主要代表。

1. 第一类主要有：＿＿＿＿＿＿＿＿＿＿＿＿＿＿＿＿＿＿＿＿＿

2. 第二类主要有：_____
3. 第三类主要有：_____

第四节　酒店品牌形象策划

任务描述

酒店品牌形象是指酒店企业或其品牌在社会公众和消费者心中所表现出的个性特征，它既反映出酒店品牌的实力与本质，也反映出消费者对酒店品牌的评价与认知。酒店品牌形象策划，即从形象的角度对酒店进行理念、行为等进行规划和管理，使酒店的品牌文化和外在表现结合起来，内外兼修，以赢得消费者的信任与支持。本任务将会具体介绍品牌形象策划中所存在的问题、酒店品牌形象策划的途径。

任务目标

- 了解酒店品牌形象策划中存在的问题
- 掌握酒店品牌形象策划的途径

任务资讯

一、酒店品牌形象策划中存在的问题

成功酒店品牌形象的建立取决于严密持续的战略，其战略的贯彻和执行也需要取得酒店内外各方面的理解与合作。而很多酒店恰恰缺少系统化的品牌形象战略，一般存在以下问题。

1. 缺乏文化内涵，品牌形象不深刻

国外知名的酒店品牌大都具有深刻的文化底蕴，这是酒店品牌形象能被消费者深度感知的基础所在。而国内酒店普遍存在着"有品牌，无文化"的现象，酒店大都只是创建了品牌名称、标志等，却没有深厚的品牌文化内涵。缺乏文化内涵的品牌形象导致消费者逐渐失去对品牌的忠诚，大量消费者由情感忠诚变成行为忠诚，对酒店品

牌形象的印象会逐步淡化，直至消失。

2. 层次较为单一，策划缺乏系统性

品牌形象策划应注重多元化、系统性，以满足不同群体对品牌的认知。在面对不同的细分市场时，一部分酒店没有对各个层次宾客的本质需求进行深层次分析，不能通过多层次的品牌形象来突出多元风格，满足不同宾客。有的酒店瞄准的是高端市场，输出的却是低端形象。当宾客感知到的品牌形象与期望形象不符时，就会丧失对该酒店品牌的信任。

3. 品牌形象趋同，传递价值不明朗

有些酒店习惯于借鉴模仿，甚至进行抄袭，造成品牌形象与其他酒店大同小异，无法准确表达自身的价值理念，严重影响酒店的市场竞争力。

例如，知名经济型酒店品牌"7天连锁酒店"就曾被高仿多次，有一家名为某七日的旅馆，从外到内高仿7天酒店，大到店面招牌、前台、宣传灯箱、房价表，小到房卡、毛巾、枕套，都使用了与"7天连锁酒店"商标仅一字之差的"7日连锁酒店"标识。在该旅馆网络订单点评中，甚至有住客以为该旅馆就是7天连锁酒店，严重影响原品牌的市场口碑与市场竞争力。随即，七天酒店公司将该旅馆告上法庭，判决要求该旅馆停止其侵权注册商标专用权行为，并给予经济赔偿。

4. 过度推广营销，品牌形象打折扣

适当的推广营销，有利于在消费者心目中建立良好的品牌形象。当酒店为了实现利润的最大化而过度推广营销时，消费者感受到的将不是服务性，而是功利性，酒店的品牌形象也会大打折扣，消费者便会降低对品牌进行深入了解的意愿，转而寻求其他品牌形象尚佳的酒店品牌。

二、酒店品牌形象策划的途径

酒店若想引导宾客形成与本品牌形象一致的品牌认知，进而提升酒店营销效果，则需采用科学的途径来对品牌形象进行塑造。

1. 导入 CIS 战略，塑造酒店的品牌形象

CIS，即英文 corporate identity system 的缩写形式，翻译为企业形象识别系统。实施 CIS 战略的直接目的是创造品牌个性，树立企业形象。CIS 一般包括三个方面：MI（mind identity）——企业理念识别，BI（behavior identity）——企业活动识别，VI（visual identity）——企业视觉识别。

（1）明确酒店的理念识别系统

企业的生存，首先是一种理念的维系。对于酒店而言，理念是其品牌文化的灵魂。具体来说，理念包括酒店的服务理念、经营宗旨、企业精神（价值观）等诸多方面。明确酒店的理念，对于塑造其品牌形象有着十分重要的意义。酒店的理念可以有差异性，这种差异性能够体现出酒店品牌形象的独特性，是酒店开展个性和特色经营的基础。但总的来说，酒店在培育理念方面应该要坚持"以人为本"的服务理念，通过对宾客特点的深入分析和研究，最大限度地关注并满足他们的需求。对于酒店而言，就是要努力为宾客营造一种健康、安全舒适、便捷并富有个性化的入住环境。

（2）规范酒店的行为识别系统

为了塑造良好的酒店品牌形象，酒店除了要做好市场调研及公共关系等外部工作，更重要的是要在酒店内部建立品牌服务制度，以及重视对员工品牌意识的培养。建立品牌服务制度具体包括：制定员工品牌服务基本要求和标准，以及具体操作规范、原购；建立品牌服务量化考核以及具体的奖惩细则；完善品牌服务的岗位培训制度等。重视对员工品牌意识的培养，即要把正确的品牌意识通过长期的培训灌输到每个员工的头脑中，并使其自觉将这种意识落实到实际工作上，最终使酒店的每一位员工都能成为酒店品牌形象最好的代言人。

（3）强化酒店的视觉识别系统

构建酒店的视觉识别系统是一项十分复杂的工程，总的来说，可以从以下四个方面着手。

①注重酒店的建筑外观。酒店的建筑外观是一种凝固的语言。对于进入或未进入酒店内部的公众来说，酒店建筑是酒店形象最初也是最浅层的体现。新颖别致、独具一格的建筑外观能够唤起宾客的好奇心和求知欲，继而吸引他们体验酒店的服务。酒店在建筑外观设计上，一要突出酒店的鲜明特色，二要做到与所在的城市环境相吻合，和当地的自然景观或历史古迹相呼应。

②注重酒店的内部设施和布置。对于酒店而言，客房是其经营的绝对重点，因此酒店要多在客房的陈设上下功夫。例如，中档酒店的客房设施没必要追求奢华，最主要的是突出方便、实用的特点。具体可采用适当缩小客房面积、简化家具设施等办法，但一定要保证床的舒适性。在做到满足宾客核心需求的基础上，还要力求突出本酒店品牌的内涵。

③注重酒店的名称。酒店名称是酒店品牌中可以用语言发音来表达的部分。好的

酒店名称有助于目标市场识别酒店产品，宾客通过酒店名称联想到酒店所提供的产品与服务的质量、特色、形象等，促进宾客对其优先购买选择。因此在酒店名称的设计上，一要做到易读、易记、易听、易念；二要语意抽象，便于拓展品牌的文化内涵。

④注重酒店的图形标志。酒店的图形标志是指酒店品牌中可以识别但不能用语言发音表达的部分，诸如符号、图案或专门设计的颜色和字体。与酒店建筑相比，酒店图标可以随时随地移动，其形体虽小但含义丰富，对宾客的影响往往是潜移默化的。酒店应力求设计出生动鲜明、容易辨认、内涵深刻、造型优美并与酒店的服务理念和文化特色相协调的图形标志。

2. 实施全面质量管理，以品质支撑酒店的品牌形象

全面质量管理是指酒店为保证和提高服务质量，组织全体员工共同参与，综合运用现代管理科学，控制影响服务质量的全过程和各因素，全面满足宾客需求的系统管理活动。质量是酒店的生命线，没有服务质量的酒店，即便有再光鲜的外在形象，也必将是"金玉其外败絮其中"。

3. 利用客户关系管理，提升宾客对酒店的品牌忠诚度

客户关系管理（customer relationship management，CRM）是伴随着互联网和电子商务的发展而产生的。酒店利用客户关系管理对客户信息进行有效的采集及整合，使零散的客户信息变成酒店的客户资源。通过客户资源管理系统，相关人员能获得特定客户全面、个性化的信息，以便有针对性地提供"一对一"的更经济、快捷和周到的优质服务，吸引和保持客户的不断光顾，进而提升宾客对酒店品牌的忠诚度。

4. 精准定位酒店品牌，打造独特个性

一个优秀的酒店品牌必须能够以一种始终如一的形式将品牌的功能和情感诉求与宾客心理上的需要连接起来，并以鲜明的特征将品牌的定位信息明确地告诉宾客。这样的品牌定位才能充分体现酒店的愿景、使命和价值观，实现与宾客的沟通，得到宾客的明确认可，从而在宾客心目中树立起品牌的独特形象，对目标宾客产生极大的感召力，引起宾客内心深处的情感共鸣。

酒店资讯

康养酒店的精准定位——帕维纳养生度假村

任务拓展训练

探寻亚朵酒店品牌的 IP 营销

IP 是酒店品牌形象的升级化，是打破酒店模糊化的必然选择，将是后疫情时代酒店打造差异化产品的重要途径之一。亚朵是跨界联合、IP 酒店业的元老，从 2016 年到 2020 年，玩得那叫一个风生水起、五花八门。从网易云音乐、网易严选，再到知乎、虎扑……亚朵酒店每次都能吸引一大批年轻人的追随，营销效果满分。请你查阅相关资料了解亚朵酒店的 IP 营销对品牌形象塑造的重要作用，并写出你从中获得的启示。

项目思考题

1. 请简述酒店品牌命名的设计原则。
2. 请阐述酒店品牌口号的设计特性。
3. 请概括酒店品牌文化塑造的方式。
4. 请分析酒店在品牌形象策划中常见的问题。

任务拓展训练答案集锦

任务一

任务二

任务三

任务四

任务拓展训练

向光而行，归本而生——希尔顿

希尔顿之于酒店，就像劳力士之于钟表界一样，是一个行业的代名词，成为经典、创新和品质的象征。从肯尼迪到奥巴马，历届的美国总统，都下榻过希尔顿酒店。

希尔顿酒店是由创始人康莱德·希尔顿的名字命名，刚刚退伍，32岁的康莱德带着5000美元现金积蓄，只身前往得克萨斯州小城西斯科收购了一家40间客房的酒店。在西斯科站稳脚跟之后，希尔顿开始收购得克萨斯州的其他酒店，并且全部换上了自己的名字。

一、发展历程

1925年，著名的达拉斯希尔顿酒店拔地而起，轰动一时。然而1929年华尔街股票突然崩盘，连续四年的经济大萧条，使希尔顿经历了最困难的时刻，降价挺住，售卖酒店、争取贷款，终于艰难地挺了过来。

1946年，希尔顿酒店集团（Hilton Hotels Corporation）成立，在纽交所上市，1949年改名为希尔顿国际（Hilton International），在股市上获利颇丰。61岁的时候，希尔顿也签下了梦寐以求的纽约华尔道夫酒店30年管理权。

1977年，康莱德·希尔顿的次子巴伦·希尔顿终于买下纽约华尔道夫酒店的整块地皮，这位希尔顿集团的继承人为父亲圆了梦想，那一年，91岁高龄的老希尔顿了无遗憾地离开了人世。一生奉献给家族事业的巴伦·希尔顿效仿父亲，将97%遗产捐给非营利性机构康莱德·希尔顿基金会，用来永远帮助无家可归者和受艾滋病影响的儿童。

作为全球排名第三的酒店集团，希尔顿酒店集团拥有十八大卓越酒店品牌，在全球119个国家和地区直接管理、特许经营、持有以及租赁超过6100家酒店，逾970000间客房。因此希尔顿的各大品牌酒店涵盖了从奢华住宿，到舒适惬意的长期住宿套房和经济实惠的专注式服务酒店。

一直以来，希尔顿始终致力于成为全世界酒店行业热情好客的代表，并在卓越职场研究所2019年的"全球最佳职场"评选中名列第二，成为该评选中全球排名最高的酒店集团。

二、旗下品牌

作为希尔顿亚太区最大市场的中国，不仅引领全球的业务复苏，同时在2019年创下全球最高入住率纪录。目前，希尔顿18个品牌中已有10个落地中国，覆盖从奢华、生活方式到经典品牌的各个细分市场，旨在满足不同消费者的个性化需求。

最著名的自然就是跟集团同名的Hilton酒店了，定位在高端商务酒店，分布非常广泛。另外一个很常见的就是double tree by Hilton，名字叫希尔顿逸林酒店，属于较为低端的子品牌，该品牌的形象是"温暖、舒适、非凡出众"，该品牌以细致入微、体贴入心的温暖服务，一直陪伴在每位旅客的身边。当你迈入酒店大门，服务人员会亲切地送上刚刚出炉的巧克力曲奇饼干这个小小的贴心之举，成功圈住很多旅客的心。

说到高端的则有Waldorf Astoria、Conrad这些品牌定位奢华的酒店，分别迎合old money、new money们的喜好。华尔道夫是希尔顿酒店集团旗下顶级奢华品牌，号称"总统的酒店"，借力皇室贵族和亿万富豪来提高酒店的知名度和美誉度，将酒店品牌塑造成为成功、地位、身份的象征，充分满足了客人渴望被尊重和与众不同的心理暗示。

其中最经典的纽约华尔道夫更是各国政要去纽约的首选，现在属于中国大家保险集团，李鸿章当年出访美国，下榻的就是纽约的华尔道夫，国内现在有北京、上海、成都、厦门四家华尔道夫，都是当地的顶级奢华酒店之一。

另一奢华酒店——康莱德酒店,是巴伦·希尔顿为了纪念自己的父亲,用父亲名字创立的酒店品牌,天津康莱德酒店在开业之时迅速地成了天津新地标,酒店建筑的新古典主义风格折射出天津这座城市悠久的历史及传统文化精髓。而希尔顿旗下的经济型品牌则有花园酒店 Garden Inn 和欢朋 Hampton 这些。

三、LOGO 与口号更新

随着酒店的快速发展,希尔顿的品牌形象 LOGO 也发生了变化,希尔顿酒店在 2017 年完成品牌重组之后推出了全新的品牌形象 LOGO。

希尔顿将不再使用"全球(Worldwide)"的名字,而使用更简单的"Hilton"并喊出了"we are hospitality"的口号。这次的品牌名及 LOGO 的更改是在希尔顿的房地产和度假村业务分拆之后,目的是让品牌更加简化。

旧 LOGO 铂金和黄金风格化的 H 象征希尔顿传统的品质,地球的弧形曲线是寓意全世界旅行,以及代表桥梁与床位。新的 LOGO 设计成一款更为简洁、优雅的字体 LOGO,从荣誉客会(两个 H)转为荣誉(一个 H)HONORS,寓意品牌在不断成长进步!

四、微笑服务

100 年的发展,希尔顿从一家酒店扩展到了如今 600 多家,遍布世界五大洲的各大城市，成为全球最大规模的饭店之一。

希尔顿的财富增长如此之快，他成功的秘诀是什么呢？秘诀就在于他牢牢确立了自己的企业理念，希尔顿经营酒店业的座右铭是："你今天对客人微笑了吗？"这也是他所著的《宾至如归》一书的核心内容。他将这个理念上升为品牌文化，贯彻到每一个员工的思想和行为之中，酒店创造"宾至如归"的文化氛围，注重企业员工礼仪的培养，并通过服务人员的"微笑服务"体现出来。

思考：请结合当时的酒店行业发展现状，分析希尔顿更改口号与LOGO的原因。

希尔顿酒店推文链接

项目实训

酒店品牌设计

【实训内容】

1. 查阅相关资料，选取某一家本土酒店，结合所学的各种设计分类、原则与方法对该酒店品牌的形象策划进行分析。

2. 以小组为单位，为自创酒店品牌设计独特的酒店品牌名称、品牌标志、品牌颜色和品牌口号。

【实训成果】

1. 汇总并撰写某家本土酒店品牌形象策划的分析报告。

2. 以小组为单位展示自创酒店的品牌名称、品牌标志、品牌颜色和品牌口号，并分享设计灵感。

【实训计划】

1. 确定组内角色及分工

组长：_____   任务：_____

组员1：_____   任务：_____

组员2：_____   任务：_____

组员3：_____　　　任务：_____

2. 查阅资料，归纳整理

（1）你们组选取的本地区两家同星级的品牌酒店是哪个？

（2）你们组自创酒店的品牌名称、品牌标志、品牌颜色和品牌口号分别为什么？

3. 完成文稿，并上传至线上学习平台

（1）本土酒店品牌形象策划的分析报告

（2）自创酒店的品牌名称、品牌标志、品牌颜色和品牌口号及灵感汇报PPT

项目笔记

_____
_____
_____
_____
_____
_____
_____
_____

项目评价

活动	评分标准	自我评价	小组评价	教师评价
任务拓展训练（20分）	任务一拓展训练，答对全部记5分			
	任务二拓展训练，答对全部记5分			
	任务三拓展训练，答对全部记5分			
	任务四拓展训练，答对全部记5分			
项目完成过程（40分）	能正确理解任务资讯的相关内容（5分）			
	能获取相关行业、酒店资讯（5分）			
	通过小组讨论与自学，利用信息化教学资源、互联网等完成活页（5分）			
	认真思考，积极动手、动脑（5分）			
	能很好地展示活动成果（10分）			
	积极参与小组合作与交流，配合默契，互帮互助（10分）			
实训作品效果（40分）	文稿美观，要素完整（10分）			
	表达流畅清晰（10分）			
	文稿内容无专业错误，客观真实（10分）			
	整体效果（10分）			
合计				
自我评价与总结				
教师点评				

第三篇
酒店品牌之苗的生长期

第五章
品牌之苗的培育管理

当品牌之"种"生根发芽后,品牌之"苗"则更加需要精心呵护和耐心培育,只有这样,年轻的幼苗才有可能长成参天大树、开花结果。同样地,酒店经营者也应树牢酒店管理标杆意识,组建一支行之有效的品牌管理团队,严格把控酒店品牌的服务管理质量,加强酒店品牌的内部传播与管理,及时发现并解决酒店品牌培育过程中的问题,实时"间苗",拔除"弱苗""病苗",切实提高酒店品牌"幼苗"的成活率,最终培育出成熟优质的品牌之"苗"。

项目导航

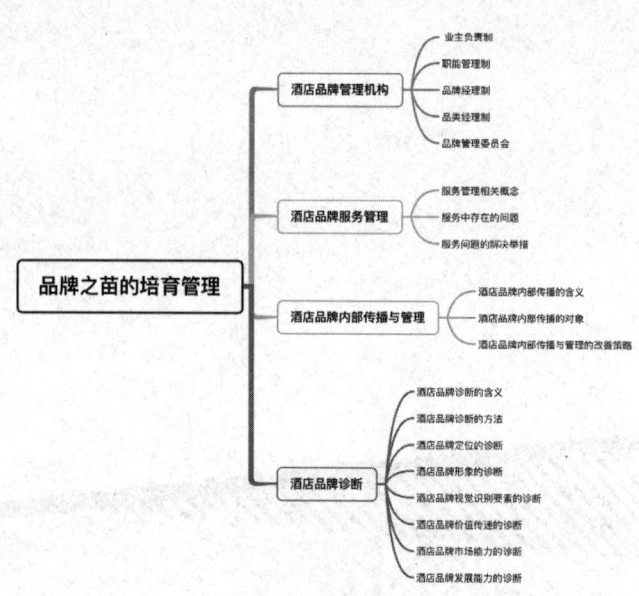

项目目标

知识目标：
①了解酒店品牌管理机构的组织形式
②理解服务管理相关概念
③明确酒店品牌内部传播的定义及对象
④掌握酒店品牌诊断的方法

实践目标：
①能基于酒店不同发展阶段的特征，选择适合的品牌管理组织形式
②能指出当前酒店服务中所存在的问题，并提出相关优化建议
③能利用品牌内部传播与管理，夯实品牌建设基础
④能根据酒店实际情况，从多方面对酒店进行品牌诊断

行业资讯

在开元旅业集团（以下简称开元），不管是集团还是下属各企业的组织结构形式都是服务于企业经营、服从企业的经营目标的，并坚持职责明确、精干高效的原则。开元组织结构的变迁，大致可分为三个阶段。

第一阶段——单体酒店。这一阶段开元采用的是直线职能制的组织形式。直线职能制的组织机构和部门分为两大类：一类是业务部门，包括营业部门、后台保障部门，如酒店前厅部、餐饮部、客房部、工程部等；另一类是职能部门，如酒店的财务部、人事部等。直线职能制的组织结构要求下级只接受直接上级的指令，工作人员只对直线上级负责；职能部门只对下级对口业务单位进行业务指导，并监督其他部门执行管理职能的情况，而不能指挥其他部门自身的业务；职能部门拟定的计划、决策、方案、制度等，若涉及各部门的，应由总经理批准发布，由各部门对该部门下达执行命令，以避免多头领导、多头指挥。

开元在明确部门岗位职责的基础上，根据职责合理配置员工队伍和管理人员职数，尽量精简部门人员，充实基层一线管理与客服力量。同时，相对固化部门内设机构和编制，杜绝随意调整，防止因私人利益关系而带来的机构膨胀。

第二阶段——连锁经营。这一阶段开元成立了萧山宾馆股份有限公司、开元旅业总公司。总公司成立了总裁办公室、财务结算中心、投资监督部等职能部门。2000

年,为推动酒店的连锁经营,总公司又成立了饭店管理部,开元由早期的酒店直线职能制转为集团层面的直线职能制结构。

第三阶段——多元化经营阶段。2001年年初,开元旅业集团成立,开发了多个项目,之后又进军工业产业,这标志着开元进入了多元化发展阶段。开元的组织结构又进行了三点调整:①根据集权和分权相结合的组织管理原则,集团各级组织管理的基本形式是采取由总经理负责制的直线职能制;②集团公司下辖开元国际酒店管理有限公司、杭州开元房地产集团有限公司和墙体公司;③集团公司下设总裁办公室、人力资源部、战略发展部、财务部、财务公司、工程稽核部、品牌管理部、《开元旅业报》编辑部等职能部门分别负责集团公司相关职能的管理工作①。

> **资讯启示:**
> 从开元旅业集团的阶段变化中可看出酒店的组织管理结构在发展过程中是不断变化的,因此酒店经营管理者应根据酒店在不同发展阶段的特性,并结合酒店自身实际情况,适时调整品牌管理组织形式。

---

① 邹益民,张冠明,等.企业持续的基本法则[M].北京:旅游教育出版社,2008.

第一节　酒店品牌管理机构

任务描述

品牌管理机构是指在企业内部设置的一套负责品牌管理相关事务的岗位和人员。酒店是否注重品牌管理，从是否设置了专门的品牌管理组织机构便可见一斑。为了可持续发展和行稳致远，酒店应该建设一支坚强有力且专业务实的品牌管理团队，持续投入人力、物力、财力和精力对品牌进行坚持不懈、行之有效的管理。

本任务将对五种类型的品牌管理组织形式进行介绍。

任务目标

- 了解五种品牌管理组织形式的含义
- 理解五种品牌管理组织形式图
- 区分五种品牌管理组织形式

任务资讯

一、业主负责制

业主负责制是指品牌策划的决策乃至组织实施全由公司高层领导承担，只有具体的执行工作才授权下属完成的一种高度集权的品牌管理组织制度（图5-1）。20世纪20年代以前，业主负责制是西方企业品牌管理的主流形式。当时的品牌经营还比较简单，仅靠高层管理者个人就能够应付。例如，丽兹饭店的创始人凯撒·里兹、假日酒店创始人凯蒙斯·威尔逊等都把酒店品牌的创建和发展作为毕生的使命，亲自参与品牌决策的制定和实施。

业主负责制的优点：决策迅速，方便整合资源；能为品牌注入企业家精神，使品牌具有鲜明的企业家个性。

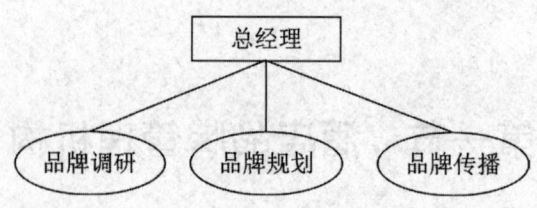

图 5-1 业主负责制的品牌管理组织形式

业主负责制的缺点：企业规模一旦扩大，管理者的个人精力便不足以妥善处理所有与品牌管理相关的事宜。单体酒店多采用业主负责制，但对于规模较大的酒店集团，这种品牌管理组织形式显然不太适用。

二、职能管理制

职能管理制是指把品牌管理的职责分配到各个职能部门当中去的一种品牌管理组织制度（图 5-2）。在 20 世纪 20~50 年代，由于品牌管理权限产生了分化，职能管理制开始普及。至今，很多酒店仍采用这种组织形式。例如，喜达屋酒店集团设置了市场传讯部，凯悦酒店集团设置了市场营销部，四季酒店设置了公共关系部，专门来承担酒店的品牌调研、品牌推广等工作。

职能管理制的优点：高层管理者摆脱了品牌具体事务的束缚，能够有更多精力去做其他重大的战略决策；将专业化的职能分工和科学管理带入品牌管理当中，使品牌策划在更复杂的环境下得以成长。

职能管理制的缺点：各职能部门属于平行机构，缺乏一个统一的上级领导和有效的沟通协调，容易出现扯皮和推诿现象，产生品牌管理的"真空"。

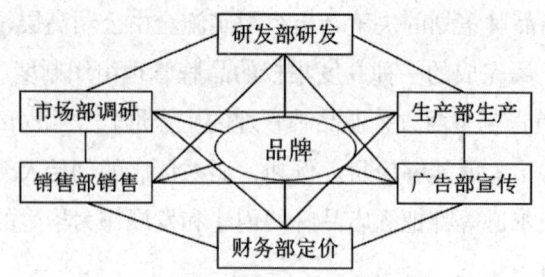

图 5-2 职能管理制的品牌管理组织形式

三、品牌经理制

为强化管理,一种被称为"品牌经理制"的管理制度应运而生。品牌经理制为每个品牌都设置一名经理,全面负责品牌的创建、维护和提升。品牌管理小组中除了品牌经理外,还配有几名品牌助理,以及财务、研发、市场、销售等各职能部门的人员,形成一种矩阵式的管理组织形式(图 5-3)。例如,格林酒店集团设置了研发设计部,东呈集团设置了东呈会平台、商旅事业部、怡程宜尚事业部和创新合作事业部,部门下设品牌经理,由品牌经理负责酒店集团旗下各子品牌的设计、更新、推广和酒店的开发、加盟、销售等工作。

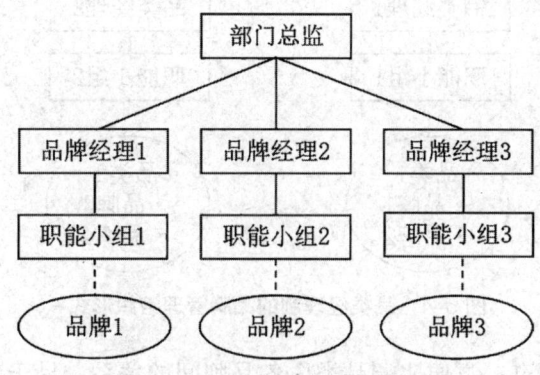

图 5-3 品牌经理制的品牌管理组织形式

品牌经理制的优点:为每个品牌都设置专职管理者,负责品牌分析、规划和执行等全过程,从而为品牌的成长提供了保障;加强了酒店内部品牌之间的竞争,使品牌更具有活力;品牌经理对品牌建设进行有条不紊的调控,从而增强了各职能部门的协调性;能够培养高级综合管理人才。

品牌经理制的缺点:对品牌管理人员的素质要求很高,一个品牌策划经理必须能够全面应付品牌管理的各项工作,而当一家酒店集团有多个品牌时,则需要多个这样的管理人才;品牌管理费用过高,由于同一家酒店集团的不同品牌之间也存在竞争,致使每个品牌都需要独立投入,容易出现重复建设、资源内耗等现象;子品牌酒店各自为战,可能会使得每个酒店品牌的风格自成一体,导致整个酒店集团的品牌形象缺乏统一的价值内核。

四、品类经理制

品类经理制也称"品牌事业部制",是指为多个品牌构成的每个产品类别设置一名经理,由他负责该品类的管理和盈利(图5-4)。品类经理制与品牌经理制在本质上是一样的,都是设置专职管理人员来负责品牌管理,且都是由各职能部门人员共同组成的一种矩阵式管理组织形式。二者的不同之处在于,品牌经理制是负责一个具体品牌的管理,而品类经理制则是负责几个同类产品的品牌管理。

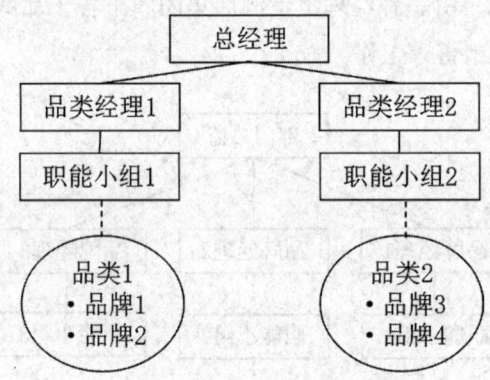

图 5-4 品类经理制的品牌管理组织形式

品类经理制的优点:方便协调品类内各品牌间的关系,易于整合各品牌的优势,有利于避免品牌经理制中出现的资源内耗和重复建设等问题;能够充分利用品类经理的行业专业优势,提高管理效率。

品类经理制的缺点:当各品类之间整合不当时,也会出现酒店整体品牌形象不统一、不鲜明的问题。

五、品牌管理委员会

21世纪初,品牌管理组织形式又演变出一种新的模式——品牌管理委员会。这种新模式由高层管理者直接担任品牌负责人,各职能部门和各品类负责人担任委员,以此来加强品类以及各职能部门间的协调(图5-5)。大型酒店集团都会在总部专门设立品牌管理中心,负责构建并管理集团旗下若干个酒店品牌,树立品牌在市场上的知名度、美誉度。例如,锦江国际集团、金陵饭店等都成立了战略研究委员会,首旅如家酒店集团设立了品牌创新与运营中心,主要职责都是建立整体的品牌战略,并确保各酒店品牌之间的沟通与整合。

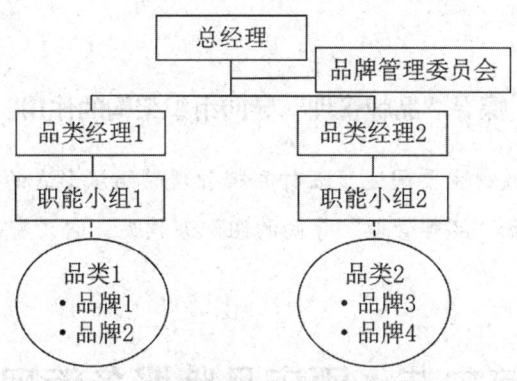

图 5-5　品牌管理委员会的品牌管理组织形式

品牌管理委员会的优点：能够有效协调各品类之间的关系，统一企业整体形象；能够有效协调各职能部门之间的关系，因为各职能部门的负责人都是管理委员会的委员；品牌管理委员会处于公司的高层位置，对整个公司都有管理权限，有助于建立全员品牌导向。

品牌管理委员会的缺点：高层管理者身居高位，对各品牌、品类的一线市场难免了解不足，可能出现一些主观决策失误的现象；对高层管理者的品牌管理水平要求高，高层管理者并不等同于是品牌的专业的管理人士，在做决策时难免会出现一些专业上的错误。

酒店资讯

首旅如家布局区块链，成立区块链研究中心

任务拓展训练

探寻"品牌管理"导向组织架构的作用

在任务一中,本教材主要阐述了五种品牌管理的组织形式的含义与架构,请思考为什么酒店企业要建立"品牌管理"导向的组织架构呢,它又有何作用?

第二节 酒店品牌服务管理

任务描述

酒店在经营中会创造三个价值,即核心价值、附加值和增值。这三种价值分别对应酒店产品、环境和服务。服务是由一系列服务环节串联而成的,每一个环节都需要认真对待。在酒店服务中"100-1=0",任何一个环节出现问题,都可能会抵消其他服务环节累积出来的印象分。因此,酒店品牌服务管理尤为重要。

任务目标

- 理解服务管理相关概念
- 了解服务中存在的问题
- 掌握服务问题的解决举措

任务资讯

一、服务管理相关概念

从20世纪五六十年代开始,西方市场营销学界就比较注重对酒店服务进行系统研究了。尽管各方对服务的定义都有所侧重、各不相同,但大家还是一致认为,服务是以满足消费者的需要为目的,是以人的活动为基础的为消费者提供满足的过程[①]。谈到服务,就不得不谈服务质量,尤其是酒店餐饮服务质量。酒店餐饮服务质量,是指

---

① 徐金灿,马谋超,陈毅文.服务质量的研究综述[J].心理科学进展,2002(2):233-239.

酒店以拥有的设备设施为依托，为顾客所提供的服务适合程度以及满足顾客生理和心理需求的程度[①]。酒店服务质量高低，很大程度上衡量着一个酒店的全面质量管理是否达标。全面质量管理是指一个组织以质量为中心，以全员参与为基础，目的在于通过宾客满意和本组织所有成员及社会受益而达到长期成功的管理途径[②]。全面质量管理有三大原则，即顾客导向、持续改进和团队合作，其中顾客导向是最重要的原则，促进企业不断提高业务效率、灵活性和竞争力，对企业产生积极作用[③④]。

二、服务中存在的问题

当前，酒店服务中主要存在着服务质量水平不高和服务管理效率较低这两大问题。

1. 服务质量水平不高

酒店一线员工普遍学历不是很高，简单的电脑操作尚可，但先进复杂的服务设备设施就不能熟练操作使用；外语基础薄弱，只能完成最简单的外语交流；工作缺乏主动性，礼节礼貌、待人接物还有待改进，"微笑服务""个性化服务"坚持不够好；等等。

2. 服务管理效率较低

酒店缺乏科学合理、健全完善的服务管理制度；酒店虽然制定了相关的服务管理制度，但缺乏严格的执行力，有的制度已经不合时宜，却没能及时修订完善，导致制度失去适用性；酒店管理者的服务管理意识薄弱，管理理念跟不上管理实践要求，科学管理的方式方法不多。

三、服务问题的解决举措

除了以上列举的问题，酒店服务中还存在着一些其他问题。若要从根本上解决这些问题，就需要打破以往的思想观念和固化的工作方法，着力从以下几个方面去改进

---

① 李楠.面向顾客忠诚的星级酒店餐饮服务质量探测模型及实证研究［D］.南京：南京理工大学，2012.

② Oakland J，Porter L Quality 21［J］.Quality World，2004，30（1）：10-14.

③ Antunes M G，Quirós J T，Justino M.The Relationship between Innovation and Total Quality Management and the Innovation Effects on Organizational Performance［J］.International Journal of Quality& Reliability Management，2017，34（9）：1474-1492.

④ Prajogo D I, Mcdermott C M. The Relationship between Total Quality Management Practices and Organizational Culture［J］.International Journal of Operations&Production Management，2005，25（11）：1101-1122.

和完善。

1. 制定服务标准与管理体系，建立完善的员工奖励机制

在制定服务标准前，首先可以通过召开全面服务质量管理大会，了解现状再制定标准。各地区各门店的主要负责人应出席全面服务质量管理大会，在会上，不仅要明确服务质量工作的重要性，还要成立管理委员会，任命推进组负责人，在集思广益之下，结合一线的实践经验，制定明确的酒店服务标准与管理体系。此外，在管理体系中也需要建立一个完善的员工奖励机制，不断激发员工的动力，提升员工的服务积极性。

2. 形成标准手册，进行员工培训

酒店建立了完整统一的服务质量标准后，为了让标准能够落地，首先要形成相关手册下发到每一位员工手中，同时也要对里面的重点内容进行培训。每位员工不只是查看自己所涉及的工作内容，还应对整体的工作要求有所了解，以便大家互相协作，正如上文案例中提到的保安做法，若是经过有效培训，就有可能避免之后的客人投诉。

3. 建立培训网络

在执行一个标准和流程之前，首先让员工接受培训，让他们了解执行步骤、注意事项，以及监督小组在检查和考核的关注点，这样才能让执行者做到心中有数。

（1）齐抓共管、层层落实。培训要有主有次、点面结合，有计划、有步骤、有落实。建立"酒店—部门—班组"三级培训网络，做到培训工作制度化、日常化、长效化。

（2）按照内容进行培训。入职（岗前）培训，对新入职的员工就酒店简介、员工手册、礼仪礼节、消防安全知识等方面进行集中培训；服务意识培训；岗位技能培训；酒店日常英语用语培训；管理骨干外出考察学习；技能考核竞赛，每年淡季转旺季时可举行技能竞赛，评定服务技术标兵，并给予一定奖励。

4. 召开酒店日常例会，列举实例配合讲解

酒店的日常例会是思想宣传最好的时间，从酒店负责人到班组，再到日常工作人员，层层深入。在强调服务质量的同时，也要列举一些实例配合进行讲解，这样才有利于服务质量的种子不断生根发芽。

酒店例会可有效提升一个团队的凝聚力、执行力和战斗力，是酒店不可或缺的一项内容。例会开得好，不仅能让管理者及时得知酒店经营过程中出现的问题，还有利于实现各个部门的充分协调,全体员工的团结一致,从而不断提高经营管理水平与服务质量水准。

5. 灵活应对突发问题,及时反馈查明原因

在酒店服务过程中,许多问题是可以在日常加以控制或避免的,如房间物品准备不齐全、设备有损坏等问题。这类问题可以用标准化的解决方案进行处理,而突发问题则更需引起酒店方的重视。面对突发事件,安抚客人的情绪尤为重要,不管客人怎样抱怨,作为服务人员都应耐心倾听客人的诉求,及时记录,并立刻解决。如无法立即解决,则应及时与上级沟通。待问题处理完毕后,应检查制度方面是否存在问题,在考核与评价过程中是否存在漏洞,操作流程和规范是否详细,人员培训是否到位等问题。只有查明问题出现的原因,才能彻底的解决问题。

6. 推行持续改进活动

酒店持续改进活动可以主要分为以下三个步骤。

(1)提出建议。一线员工在与宾客沟通的过程中,采集宾客遇到的问题、提出的建议,或是主动发现宾客的不便并帮助解决,向酒店负责人提出该解决办法,以帮助有同样需要的顾客。

(2)进行推广。一线员工提出的建议中可以推广的,应迅速在店内进行推广,并在未来1~2个月的服务中,收集宾客对此改善的态度与看法,如效果明显,则可考虑在该地区进行推广,直至推广到全国。

(3)进行奖励。依据建议的推广范围以及宾客需求程度和满意程度,对提出建议者进行奖励,同时,在绩效考评时可以进行相应加分,在职位晋升时可以优先考虑。

酒店资讯

四季酒店:国际酒店早晨例会要怎么开

任务拓展训练

我会找问题

请阅读以下材料,并思考案例中这一酒店在服务管理上出现了什么问题。

某地一家酒店接待大型会议期间,房间需要加床,由于两个会议衔接,第一个会议要加床,第二个会议不加床,这就需要往房间里进加床、撤加床。问题出现在撤加床的环节,某日上午,保安员接到通知要去客房帮忙撤加床,找客房负责人报到,但他在领出层卡后没有找客房负责人报到,拿着前一天进加床的房间号去撤,问题来了:进的时候是空房,撤的时候是住客房。但保安员认为是退房,敲一次门然后开门,客人在卫生间没有听到敲门声,因此引发住客投诉,让客人强烈不满,最后打折、道歉、消除误解①。

第三节 酒店品牌内部传播与管理

任务描述

任何一家酒店要想打造一个声名远播的品牌,都离不开传播与管理。在对外传播之前,首先要从酒店内部做起。因为如果一家酒店自身员工都不认同品牌理念,不传播品牌信息,不用实际行动去兑现品牌核心价值,自然就谈不到建设成功的品牌。因此,在提高品牌服务管理水平的基础上,还要加强品牌的内部传播与管理,切实夯实品牌建设基础。本任务将介绍酒店品牌内部传播的含义、对象以及改善策略。

任务目标

- 理解酒店品牌内部传播的含义

---

① 杨华.酒店服务:如何避免好心办错事[EB/OL].https://www.meadin.com/zl/223705.html,2021-01-11.

- 明确酒店品牌内部传播的对象
- 掌握品牌内部传播与管理的改善策略

任务资讯

一、酒店品牌内部传播的含义

酒店品牌内部传播是指围绕酒店品牌的核心资产，在酒店内部进行推广传播，深刻地影响酒店的内部各级员工，将品牌影响辐射到酒店外部，将每一个对外的接触点的影响力发挥到最大，潜移默化地达到品牌宣传效果。

二、酒店品牌内部传播的对象

酒店品牌内部传播的对象包括酒店自身和酒店合作伙伴两方面。酒店与合作伙伴的目的是相同的，方向是一致的。酒店与酒店合作者坐在一条船上，都是品牌核心价值的承载者，只有两者对品牌核心价值的认同达到高度统一，才能紧密协作，达到共赢的彼岸。

三、酒店品牌内部传播与管理的改善策略

酒店品牌的内部传播与管理是打造、推广自身品牌的最基本途径。通过内部传播与管理，既要让员工知道自家酒店品牌的独特之处，更要让员工知晓自家酒店品牌的内涵、理念及特点，推动员工自觉将个人的价值观向酒店品牌所传递出来的价值观靠拢，最终达到高度统一。在很多情况下，酒店经营者过于注重酒店品牌的外部传播，而忽视了内部传播，往往造成内外部对酒店品牌认知上的偏差，不利于酒店品牌的有效传播。本书将从以下四个方面提出酒店品牌内部传播与管理的改善策略。

1. 统一价值、塑造文化

健康向上、独具特色的企业文化对员工的观念和行为的塑造发挥着至关重要的作用，是酒店品牌走向成功的基石。酒店应致力于在全店范围内构建良好的人文环境，形成上下团结一心、部门协同配合、人际关系融洽、个人心情舒畅、整体氛围和谐的局面，这样有利于提升员工对酒店的满意度和忠诚度，使他们愿意主动发挥自己的聪明才智，努力工作，为顾客提供更优质的产品和服务，为酒店创造更多的财富，为酒店品牌建设做出更大的贡献。例如，华天大酒店通过统一价值、塑造文化等手段，从

情感上赢得员工对酒店的认同度、忠诚度，从而作用于顾客服务。

2.让员工喜欢自家酒店品牌

酒店品牌的传播工作不是仅仅靠品牌经理和几个员工来完成，而是要靠全体酒店员工来共同打造、维护和推广。如果连员工自己都不认可、不拥护、不热爱自家酒店品牌，那么外部宾客如何能接受、宣传、推介你家酒店品牌呢？因此，酒店非常有必要经常性地开展学习教育，提高员工对自家酒店品牌的忠诚度。例如，全季酒店就培养员工自觉树立品牌意识，维护好自家品牌，主动做自家酒店最忠实的卫道士和传道者。

气味是调香师的语言，它重现的是龙井绿茶冲泡瞬间的香气，视觉是设计师的语言，表达美的优雅不张扬。我自己平日里爱好摄影，对审美也有自己的追求，这种"禅茶一味"时而令人心生禅意，瞬间忘记疲惫。

——全季酒店产品设计师　陈要

平常整个酒店管理几十人的团队，事无巨细，话说多了口干舌燥。忙里抽空我都会泡上一杯全季的茶，看看窗外，再回到工作中。手边有茶已是习惯，把我最解压的方式推荐给你。

——全季酒店店长　周鑫

工作紧张的时候，打开加湿器，看着雾气上升，感觉特别治愈。不同精油配方有不同的效果。加入几滴晚安精油时，既保湿又放松，感觉像呼吸来自法国森林的气息，很舒服。推荐给大家，无论在办公还是睡前，都能享受这样的美好时刻。

——市场营销内容组经理　吴婉玲

这可能是今年我们团队收到好评最多的全季好物了。从一推出就一直是我们商城里的爆款，天竺葵、甜橙、佛手柑，没有人会拒绝这些自然的味道。而且洗发露又有很好的控油效果，现在已经成为我家的常备。

——华住商城运营经理　吕凯[1]

华住集团旗下的全季品牌曾在名为"新年礼物员工内购清单"的这篇微信公众号推文中，晒出了最受员工喜爱的好物，并录制了种草视频。这种方式不仅提升了酒店的员工形象，还为酒店带来了经济利益。

---

[1] 华住会. 全季|新年礼物员工内购清单 [EB/OL]. https://mp.weixin.qq.com/s/6Kvjvn57O8NyW8twMM2qWg, 2020-12-25.

3. 营造浓厚的品牌氛围

酒店品牌氛围的营造，并不是到处悬挂张贴横幅、标语、口号就能做到的。酒店品牌氛围的营造，是一个细活，也是一个长期活，需要用心用情用力才行。有的酒店从服装、员工卡、公文包到台历、鼠标垫、电脑屏保，每一个细节都标记了酒店品牌LOGO或口号，酒店员工每天穿的用的无时无刻不在提醒着他们的责任与使命，使他们深刻地感受到"今天我以酒店为荣，明天酒店以我为荣"。

4. 积极拓宽内部传播渠道

内部渠道是酒店品牌传播的重要载体和媒介，尤其对于大型酒店集团来讲，畅通的内部渠道有助于各项工作的顺利开展，包括酒店品牌的传播。酒店的内部刊物、报纸网站、工作简报、板报宣传栏等都是传播酒店品牌的好媒介，酒店的办公楼层、员工餐厅、大厅走廊等场所也都是传播酒店品牌的好平台，甚至培训会议、党团活动、公司庆典等大型活动也都是传播酒店品牌的好时机。但归根结底，最好的传播渠道还是酒店员工的口口相传，"金杯银杯不如口碑"，每个员工都是酒店品牌的宣传车和活广告。

酒店资讯

华天酒店企业文化

任务拓展训练

如何让员工爱上自家酒店品牌？——探寻国际酒店的做法

目前，国际知名品牌酒店已悉数进入中国。相比之下，国际品牌酒店员工流动率较低、满意度居高，员工也大多喜爱自家酒店品牌，因此员工的工作热情高、精神面貌佳。事实上，国际品牌酒店的后台文化建设是支撑这一切的根本。

请你查阅相关资料探寻这些现象背后的深层次原因。

第四节 酒店品牌诊断

任务描述

酒店品牌诊断如同给人体检一样,是为了检查品牌的健康程度,看是否依然具有旺盛的生命力,是否需要维护和保养,是否存在发展隐患和潜在风险。本任务主要是对酒店品牌定位、品牌形象、品牌视觉识别要素、品牌价值传递、品牌市场能力以及品牌发展能力这六个方面进行把脉问诊,以确保品牌健康。

任务目标

- 理解酒店品牌诊断的含义
- 掌握酒店品牌诊断的方法
- 掌握酒店品牌诊断的六个方面

任务资讯

一、酒店品牌诊断的含义

酒店品牌诊断是指对酒店在某个阶段中在市场上的品牌形象、品牌价值和品牌市场能力等要素进行检测与解析,以期发现问题、及早解决问题。酒店品牌诊断是酒店品牌成长过程中的一个重要控制手段,其最终目的在于为品牌保值增值。

酒店品牌诊断和评估是综合运用各种调查研究方法对酒店品牌的历史、现状和未来发展趋势进行总结、描述、分析和预测的过程。系统的酒店品牌战略诊断需要保证足够的时间跨度,同时还要涵盖企业文化、运营,以及营销的职能板块。

二、酒店品牌诊断的方法

1. 市场调研

市场调研，是指用科学的方法，有目的、有计划、系统地收集、记录、归纳、整理有关市场营销的数据、信息和口碑及部分资料，在这些数据资料的基础上，通过分析与综合比较这些调查成果，掌握市场和品牌的形势变化、竞争现状以及未来一个时期的竞争趋势，为市场形势预测和品牌营销提供全面、较为真实的、可靠的依据。市场调研是品牌诊断和评估必须采用的方法之一。

2. 品牌审计

审计的理念被引入品牌决策领域后，品牌审计行为不光倾向于企业外部环境，关注消费者和客户等企业外部利益关联体，同时也关注企业内部人员的品牌理念塑造、标识的体现、企业文化和企业行为的综合衡量。品牌审计其实就是一套系统的针对品牌定位、品牌形象、品牌核心价值、品牌传播、品牌行为、品牌资产等的综合性测评方法和标准体系，其目的在于检测品牌的健康状况，并在运营品牌资产以及制定整体品牌战略方面提供科学的决策依据。

3. 综合诊断

综合诊断在研究内容方面，不仅认真研究产品和服务的实际功能价值，还看重蕴含在产品、服务以及整合企业组织的文化、精神、情感、心理等无形价值的研究。在研究对象方面，综合诊断充分重视企业外部的消费者、竞争者、供应商、服务商以及政府、社区、媒体和舆论，同时也强化企业内部对象的调研，包括公司高层、中层经理，以及底层员工。在研究方法方面，强调使用心理实验方法，侧重企业文化效应的测试，研究消费者和内部员工在内心深处对文化价值和企业认同的感受和真实需求。

在进行品牌诊断时，可以选择市场调查和系统诊断方法，对比酒店监管部门的数据，结合酒店的现状、特点、发展趋势、品牌建设和企业战略的分析，进行针对性的访谈和问卷调查。调研对象包括酒店集团副总、品牌推广部、市场营销中心总经理等品牌建设的关键核心人物，客房、餐饮、营销、康乐等职能部门负责人与基层员工，和目标消费者、竞争者、媒体等外部对象。酒店品牌诊断相关指标可以从酒店官方统计资料中获得，也可运用抽样调查的方法来加以预测。

三、酒店品牌定位的诊断

酒店品牌定位的诊断首先要判断酒店是否具有明确的品牌定位，酒店的主要市场区域及其战略布局是否能保证该酒店品牌具有广阔的市场空间。其次，酒店以什么样的产品组合支撑这一定位，并且以什么样的整体形象加以推广，从而突出和强化这一定位。最后，酒店的资源优势又是否支持这一定位，其定位是否适应竞争形势和集团的能力。

四、酒店品牌形象的诊断

酒店品牌形象的诊断是检查酒店在形象识别方面是否建立了较为完善的体系，从基础设计系统、广告媒体规划设计系统、办公应用系统、客房系统、餐饮系列、服装系列到公共用品系列、交通运输系列、环境系统规划设计，是否对内增强了酒店的凝聚力，对外传达了统一的酒店品牌形象。例如，可以在问卷调查中设计"下面哪些词汇最能代表××酒店品牌的形象？请在下列有关酒店品牌形象的词条中，选出您认为最重要的5个"。"如果把××酒店品牌看作一个人，在你的眼中，TA是一个什么样的人？"等题目来进行考察，通过调研的答案及答案集中度来判断酒店管理者和员工向目标消费者传递的品牌形象是否明确。

五、酒店品牌视觉识别要素的诊断

酒店品牌视觉识别要素的诊断就是对酒店品牌名称、LOGO、颜色、包装、陈列、广告形象等构成酒店形象的所有要素进行诊断，以此来判断酒店品牌形象是否还保持着新颖独特等特点，是否能够适应市场环境的变化，是否还能符合企业和消费者的期待和要求。

六、酒店品牌价值传递的诊断

品牌传递给消费者的价值是品牌的基础，包含品牌的核心价值、使用价值、美学价值、品质、价格等能满足消费者最基本需求的东西。在酒店品牌价值传递的诊断方面需要考虑以下3个问题：

1. 考虑酒店品牌是否满足了宾客的需求

满足顾客的需求是一个酒店品牌得以存在的基础，也是产品或服务存在的基础。

例如，在古代客栈时期，酒店只需要满足人们外出的吃、喝、睡等赖以生存的基本需要即可，而如今人们的需求可不仅如此，吃喝睡早已成为酒店的最低标配，还需要保障其舒适度，提升服务品质。

当下疫情反复，无接触服务自然是宾客的需求。智能化程度越高的酒店，抵抗疫情突发事件的能力越强、办法越多、底气越足，在整体市场"冰封"之下的比较优势更为明显。上海鲁能JW万豪侯爵酒店在原有2台机器人的基础上，迅速增加至4台，保证服务质量，厦门特房波特曼七星湾酒店通过引入4台服务机器人，以应对疫情引发的风险。遂宁首座万豪酒店更是增加了多款服务机器人满足不同工种的服务需求[①]。

2. 考虑酒店品牌是否具有最优的性价比

消费者购买酒店产品往往追求最适合的质量与价格，以获得最大的剩余价值（消费利润），这就是性价比。性价比的诊断不是直观地对产品技术这些硬性质量指标和市场价格的实际值来展开对比，而是从消费者角度来获取他们对产品价值与价格的感觉值。

3. 考虑酒店品牌是否实现了卓有成效的价值沟通

只有将消费者最需要的价值，通过合适的载体准确地传递给了最适合的目标人群，并得到预期中的认知和理解，价值传递才是完善的。因此在价值传递过程中，酒店管理者需要选择最合适的传播媒介和方法，提高酒店品牌在目标消费者中的熟悉程度、吸引程度和可信程度。

七、酒店品牌市场能力的诊断

酒店品牌市场能力主要体现在覆盖城市规模、市场占有率和市场扩大率等方面。覆盖城市规模主要是指酒店分店在不同城市的覆盖范围以及分布规律。酒店品牌市场占有率是指在一定时间内购买过本酒店产品的消费者在整个酒店业市场消费群中的占有比例，也就是酒店在市场中的具体份额，包括绝对市场占有率和相对市场占有率。绝对市场占有率反映酒店的品牌销售量相对于整个行业或区域的关系；相对市场占有率反映酒店的品牌销售量相对于竞争对手中第一位（前几位）酒店品牌的关系。相对市场占有率是绝对市场占有率的有效补充。酒店品牌市场扩大率是酒店品牌销售增长率超出市场增长率的部分，反映了一段时期内酒店品牌在市场上规模扩张、延伸的能

---

① 北京中饭商学院. 疫情下酒店怎样先活下去，再谋发展？［EB/OL］. https://www.163.com/dy/article/GJHDU85905387O0U.html，2021-09-11.

力。品牌市场扩大率越大，品牌对顾客的影响能力越强，品牌的竞争优势也就越明显。

$$品牌绝对市场占有率 = \frac{一定时间内本酒店品牌产品销售量}{一定时间内市场总销售量} \times 100\%$$

$$品牌相对市场占有率 = \frac{一定时间内本酒店品牌产品销售量}{一定时间内最大（三大）竞争对手总销售量} \times 100\%$$

$$品牌市场扩大率 = 酒店品牌销售增长率 - 市场平均销售增长率$$

八、酒店品牌发展能力的诊断

酒店品牌发展能力体现市场对品牌的认可程度，用来检查一个酒店品牌是否具有良好的竞争能力和持续的成长动力，主要衡量指标有酒店品牌知名度、品牌美誉度、品牌忠诚度以及品牌创新力等多个方面。

酒店品牌知名度主要指市场上知道该酒店品牌的人数比例。酒店品牌知名度可以充分展现一些潜在消费者在某一瞬间想起某一个酒店品牌的能力，不但包含产品、品牌之间所存在的关系，同时还体现了酒店营销活动以及传播活动的总体结果。有时也可以用品牌回忆率来考察，即在不给予消费者提示的情况下，当提到酒店时，消费者能直接想到该酒店品牌的比例。知名度高的品牌甚至能代表一个品类，比如辣条界的卫龙、手机界的华为、咖啡界的星巴克、烤鸭界的全聚德、酒店界的华尔道夫等。

$$品牌知名度 = \frac{市场上知晓本企业品牌产品的消费者人数}{市场消费者总数} \times 100\%$$

酒店品牌美誉度是指实际购买该酒店品牌产品的顾客中对品牌持赞誉态度的人数比例。酒店品牌美誉度可以展现消费者购买并体验该产品之后，针对产品功能、服务质量等方面的满意度。

$$品牌美誉度 = \frac{对本酒店品牌产品持赞誉态度的消费者人数}{实际购买本酒店品牌产品的消费者总数} \times 100\%$$

酒店品牌忠诚度是消费者对酒店品牌各要素所体现出的综合实力表示满意的结果，也是消费者对酒店品牌购买和消费做出的承诺。这种承诺是对酒店的直接回报，主要表现在持续购买、持续消费、口碑传播、品牌建设与维护参与等多个方面。品牌忠诚度可以由再次购买率来衡量，它反映顾客对品牌的情感度量。此外，酒店品牌忠诚度的度量需要酒店持续跟踪，一次诊断只能反映出结果和事实，而不能反映出变化和趋势。

$$品牌忠诚度 = \frac{回头客购买本酒店品牌产品的人次}{购买本酒店品牌产品总人次} \times 100\%$$

酒店品牌创新力是酒店利用新技术及相关知识和经验对品牌、产品与服务和改进和创新的能力，它有利于提高品牌对未来市场的控制力，提高品牌竞争优势，可以通过设备先进程度、技术创新投入率、新产品推出周期等指标来衡量。设备先进程度指酒店系统及设备的先进化程度以及信息化水平。技术创新投入率指技术创新活动总费用与酒店销售额之间的比值。新产品推出周期指酒店在推出新产品或服务时所耗费的时间。

除了上述六个方面，还可以从品牌部门运作机制、品牌人力资源管理、品牌执行、品牌监控、服务质量和企业文化等方面诊断酒店的品牌基础能力。

酒店资讯

香格里拉酒店"会诊"后调整品牌LOGO

任务拓展训练

本土酒店集团之市场占有率的TOP10

请你查阅相关资料，写出2022年中国酒店集团及品牌中市场占有率排名前10的榜单。

项目思考题

1. 不同的酒店品牌管理组织形式分别适用于什么类型的酒店？
2. 结合个人经历或对酒店行业的观察，分析当前酒店服务管理中存在哪些问题。
3. 如何利用好内部传播打造出响亮的品牌？
4. 谈一谈可以从哪些方面进行酒店品牌诊断。

任务拓展训练答案集锦

　　任务一　　　　　任务二　　　　　任务三　　　　　任务四

项目拓展训练

酒店界的"贝壳"，中国的传奇——华住酒店集团

2005年，季琦在昆山开设了第一家汉庭酒店，季琦在自传中提到，昆山在当时是三、四线城市，如果汉庭在昆山没成功，也不奇怪，那个地方当时没有特别大的旅游和商务的人流。昆山不成功，搬到上海可能就能成功了。但是一旦昆山成功了，那就能放之四海而皆准。

2006年，汉庭常客的俱乐部——汉庭会成立，汉庭会的成立证明了常客计划并非国际酒店或高端酒店的特权，在汉庭酒店诞生的第二年，华住会的前身汉庭会就诞生了，不过那时的玩法还比较简单，与现在华住会5个会员等级相比，汉庭会只有汉庭会会员、汉庭会金会员、汉庭会铂金会员三个等级，用现在的流行词来说，汉庭会的成立开发了私域流量，在2019年华住会的会员已经达到了1.4亿人，几乎十位国人中就有一位是华住的会员。

2008年，作为汉庭旗下第三个品牌，定位99元一夜的首家汉庭客栈在杭州开业，该品牌是海友酒店的前身，在那时汉庭正陆续将部分中端汉庭酒店翻牌为标准经济型汉庭快捷，计划形成80%为汉庭快捷、20%为汉庭酒店，试水汉庭客栈的格局。

2010年，汉庭在美国纳斯达克成功上市，在上市交易的第一天，股票曾一度上涨了27%，跻身全球酒店集团25强。

2012年，汉庭更名为华住，是取"中华住宿"之意，目标是打造中华住宿业的世界级酒店集团。旗下酒店分别更名为：全季酒店、星程酒店、汉庭酒店、海友酒店。当时华住在全国100多座城市已拥有1000多家门店。华住从运营经济型酒店起步，逐渐将品牌扩展到高中端市场。华住集团推出的高端酒店品牌——禧玥酒店，参照五星级酒店标准进行运营管理，"全季"和"星程"定位中端商务市场，而"汉庭"和"海友"则是经济型品牌。

2013年，华住推出度假酒店品牌——漫心度假酒店，"漫心"是华住酒店集团旗下中高端度假型酒店品牌，也是国内首家提倡并实现"酒店即目的地"式旅行的度假品牌。每家漫心的酒店风格各不相同，都融入了当地文化特色，并搭配现代化硬件设备，让宾客在和谐、惬意、轻松的度假空间中保有精致舒适的设施体验，致力于带给宾客一种亲近自然与异地生活的新度假感受。

2014年，华住与雅高酒店集团缔造长期战略联盟，在合作后，华住接手雅高旗下中端和经济型酒店品牌美爵、诺富特、美居、宜必思尚品和宜必思的经营。雅高和季琦之间有着一个小故事。多年前，季琦还在携程的时候，有一个人推销餐券时送给了季琦一本书，那本书的名字叫《一个银河系的诞生》，书中讲述的是雅高的两位创始人杜布吕和贝里松在那个年代如何将雅高做成了全球最大的连锁酒店，这两位创始人在季琦心中就如行业教父般的存在，杜布吕来中国视察宜必思发展时就说到，我当时的目标是把雅高开到100家，季琦比我敢想得多，这个人很有前途。

2017年，华住推出新概念轻奢·社交酒店品牌CitiGO，CitiGO由国际知名设计师亲自执笔，除了打造融合酒店、公寓、社交属性的新概念空间外，更致力于引领年轻族群的生活方式[1]。

2019年，华住推出全新零售品牌"客听"，为住店客人以及都市白领、周边社区居民提供精选好书、生活好物和轻食简餐。在酒店大堂内为都市人创造出一个全新的"第三空间""公共客厅"[2]。

2020年6月，华住的组织架构变成华住集团和华住中国两个管理架构。集团架构

---

[1] 宁儿. 华住品牌创新再落一子，城家CitiGO亮相上海静安［EB/OL］. http://www.5ulvyou.com/news/gn/2017/0401/6886.html, 2017-04-01.

[2] 徐维维. 华住推出新零售品牌"客听"盘活酒店大堂闲置空间［N］. 21世纪经济报道，2019-01-16.

的调整是集团层面的战略调整。把华住中国单独分离体现了集团在业务上的重心仍然在中国，中国市场始终是华住的根本和主体①。

华住的高管、品牌 CEO 会经常和区域中的头部体验官深度交流，用体验官的评价来驱动运营品质提升，还通过大数据构建对客户的认知，帮助品牌、门店做客户体验和产品的提升。华住的所有高管还曾去 B 站学习，让团队适应跟上年轻消费者的脚步，使汉庭和 B 站策划营销活动，还曾在拼多多上线做预售②。

酒店就是要跟上宾客的需求变化，甚至要走到消费者的前面。在疫情期间，华住就利用先进的无接触技术和便捷透明的线上互动平台，建立了一套完备的消杀体系，全面覆盖华住集团旗下的 5000 余家门店，确保为每位住客提供 360 度无死角的安心住宿体验③。

一个品牌能开 10 家可能是靠英雄，开 100 家是靠系统，能开 1000 家那一定是靠文化的沉淀。15 年来，华住人始终秉承着企业哲学，用文化强化了向心力，而人心向背是企业战胜困难的关键。本书曾多次提到酒店人才的高流失率，强调人才培训的重要性。华住成立了华住大学，基于不同门店的定位选择培养着力点，按照不同品牌的不同文化、不同人才的不同等级开设培训班，成为酒店行业培训的标杆，华住的文化深深地影响了中国的酒店业。

华住集团推文链接

思考题：请分析华住酒店集团品牌管理的成功之处在哪儿。

---

① 关子辰. 华住出海野心不灭［N］. 北京商报，2020-05-18.
② 环球旅讯. 对话金辉：华住永远焦虑|旅见［EB/OL］. https://www.traveldaily.cn/article/141135，2020-10-19.
③ 迈点网. 华住首发行业白皮书，助力酒店业全面复苏［EB/OL］. https://www.meadin.com/jd/214770.html，2020-05-26.

> 项目实训

酒店品牌诊断

【实训内容】

1. 请选择一家具体的酒店，指出该酒店当前服务中所存在的问题，并提出相对应的优化建议；

2. 请结合实训内容 1 中所选酒店的实际情况，从品牌视觉形象、品牌价值传递、品牌市场表现以及品牌竞争前景等方面对该酒店进行品牌诊断。

【实训成果】

以小组为单位，采用 PPT 汇报的形式，分析所选品牌酒店当前服务中所存在的问题并提出建议，对该酒店进行品牌诊断，并写出诊断方案。

【实训计划】

1. 确定组内角色及分工

组长：_____   任务：_____

组员 1：_____   任务：_____

组员 2：_____   任务：_____

组员 3：_____   任务：_____

2. 查阅资料，归纳整理

（1）你们组选择的酒店是哪一个？

（2）该酒店当前服务中存在的问题有哪些？

（3）针对该酒店服务存在的问题，你们组的建议是什么？

3. 完成文稿,并上传至线上学习平台

(1)酒店品牌诊断文稿

(2)酒店品牌诊断汇报 PPT

项目笔记

_____
_____
_____
_____
_____
_____
_____
_____

项目评价

活动	评分标准	自我评价	小组评价	教师评价
任务拓展训练 (20分)	任务一拓展训练,答对全部记5分			
	任务二拓展训练,答对全部记5分			
	任务三拓展训练,答对全部记5分			
	任务四拓展训练,答对全部记5分			
项目完成过程 (40分)	能正确理解任务资讯的相关内容(5分)			
	能获取相关行业、酒店资讯(5分)			
	通过小组讨论与自学,利用信息化教学资源、互联网等完成活页(5分)			
	认真思考,积极动手、动脑(5分)			
	能很好地展示活动成果(10分)			
	积极参与小组合作与交流,配合默契,互帮互助(10分)			

续表

活动	评分标准	自我评价	小组评价	教师评价
实训作品效果（40分）	文稿美观，要素完整（10分）			
	表达流畅清晰（10分）			
	文稿内容无专业错误，客观真实（10分）			
	整体效果（10分）			
合计				
自我评价与总结				
教师点评				

第六章
品牌之苗的移植推广

　　酒香不怕巷子深，一直是很多人的信条。但如若在当下，依然死守这句信条，不注重品牌推广，那就很难在第一时间抢占更多更大的市场。因此，酒店经营管理者要想增强核心竞争力、提高酒店产品的销售量、扩大自身的市场占有率，就必须高度重视酒店品牌的推广与传播，灵活运用多种品牌营销策略，帮助酒店塑造良好的品牌形象，努力占领市场的制高点。

项目导航

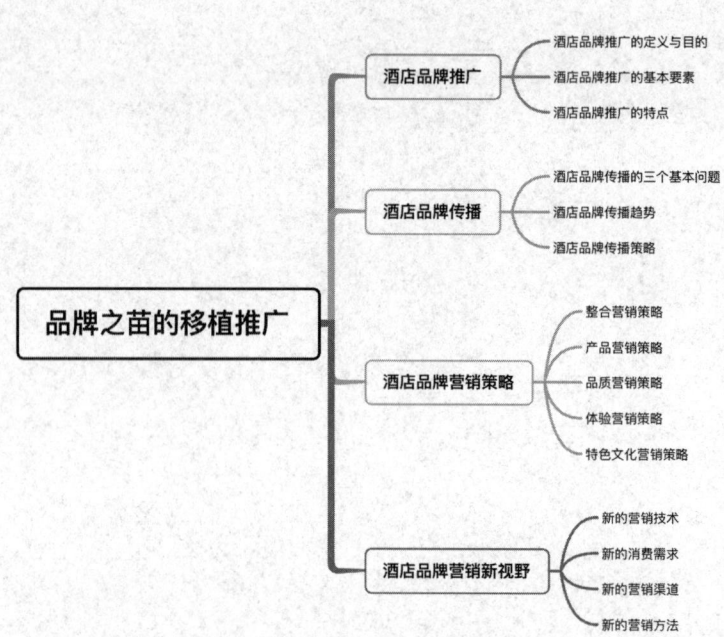

项目目标

知识目标：
① 掌握酒店品牌推广的基本要素与特点
② 正确理解酒店品牌传播的三个基本问题
③ 了解酒店品牌传播趋势
④ 理解酒店品牌营销新视野"新"的内涵

实践目标：
① 能根据酒店自身特性，灵活运用品牌传播策略与营销策略，设计推广方案
② 能根据酒店发展的特点与需求，选择适合的新媒体营销渠道

行业资讯

创意酒店的跨界营销

QQ超级会员是年轻人社交平台QQ的顶级VIP，"不做大多数"是他们核心的生活态度。聚焦到住宿，亚朵所推崇的"人文、温暖、有趣"的生活方式，恰好能满足他们"不做大多数"的诉求。因此，亚朵选择和QQ超级会员一起，用不一样的方式，为这群追求"不一样"的年轻人，带来十足的惊喜！亚朵QQ超级会员酒店融入大量QQ超级会员元素，Yogo Robot机器人和腾讯小Q机器人分别在大堂和主题房中服务，科技感十足！亚朵和QQ超级会员实现了会员互通，当QQ超级会员入住时，自动成为亚朵铂金会员，享受红包、折扣和免费升级等权益。对于QQ普通用户，入住当天日期与QQ号后两位正好一致时，也能享受免费房型升级权益。

在这个知识定义和传播逻辑都发生巨大改变的互联网时代，亚朵酒店与知乎联手，在上海开了第一家亚朵知乎酒店——"有问题"酒店。酒店里埋藏着关于生活方式、技能习得、购物决策、影视美食等方面的314个问题，欢迎"问题青年"留心发现，不断思考。酒店大堂摆放着知乎公仔，"吃货类"问答也随处可见，问题下附有二维码，扫描互动可以找到答案。入住时，除了房卡，还有一张写有各种好玩有趣"知氏提问"的知乎定制问答卡，房间内的音箱还可以免费收听知乎各品类付费音频产品。酒店设有"旅行""电影"主题楼层，软木地图、经典电影海报和台词，知乎用户推荐影片，无一不带给入住者相关的主题惊喜。

真正的跨界营销，对于两家甚至两家以上的品牌来说，其作用是1+1＞2的，一场跨界联合成功的关键就在于，看起来毫无关联的品牌双方能否找到更深层次的内在联系。就如亚朵与QQ、知乎的合作，他们都非常清楚目标人群的口味和想法，同时将品牌的价值主张明确用"创意满满、趣味十足"的内容形式融入酒店场景之中①。

　　看完这两家亚朵创意酒店，你还知道哪些富有创意的营销案例呢？

---

　　① 广告营销志.盘点亚朵5大联名创意酒店，解锁跨界营销的正确姿势［EB/OL］.https://mp.weixin.qq.com/s/ZzfLBFOilRqpfMAHnCqrgA，2018-12-28.

第一节　酒店品牌推广

任务描述

品牌推广是有效推动酒店品牌价值和品牌文化形成的重要力量，一个好的品牌时刻都在致力于向市场推广高度一致的品牌信息。品牌推广可以通过广告、名称、标志等符号工具创造品牌形象附加值。此外，酒店品牌可以被赋予不同的情感价值与象征意义，如信任感、愉悦、忠诚、真实、纯洁和自然等，品牌意义正是借助于品牌推广来实现转化升华的。本小节将介绍酒店品牌推广的定义、目的、四个基本要素及五大特点。

任务目标

- 理解酒店品牌推广的定义与目的
- 明晰酒店品牌推广的基本要素
- 掌握酒店品牌推广的特点

任务资讯

一、酒店品牌推广的定义与目的

酒店品牌推广是指酒店整合一切有效的推广手段，向社会公众和酒店目标顾客传递酒店品牌信息，从而提高酒店品牌知名度、美誉度和忠诚度，并形成强势品牌的过程。事实上，顾客对酒店品牌的认知在推广过程中逐渐地发生变化，有效的酒店品牌推广，使顾客对酒店品牌的认知从模糊演化成忠诚。因此，酒店品牌推广的目的就在于通过营销手段和推广技术，使顾客的理性消费变成感性消费。

二、酒店品牌推广的基本要素

1. 酒店品牌推广的载体

酒店产品是酒店品牌关系中品牌的载体，是品牌推广的第一要素。通过酒店提供的产品和服务，品牌才能展示它的诉求，实现它的价值。

2. 酒店品牌推广的信息

酒店品牌推广的信息是品牌内涵的高度概括。无论从主观还是客观来看，酒店品牌信息都是专门用来传达品牌特征的，包括品牌的名称、符号和宣传理念等信息。

3. 酒店品牌的特性

酒店品牌特性是品牌信息和品牌载体的综合性质，能够反映品牌的风格。长期利用某个特征来描绘酒店品牌的风格或个性，能够起到强化品牌特性的作用。

4. 酒店品牌的推广媒介

推广媒介可分为印刷品媒介和电子媒介。印刷品媒介包括报纸、杂志、直接邮件、广告牌等。电子媒介包括广播、电视、互联网、手机等。如今，酒店可以通过门户网站、点评类网站、自媒体渠道等进行多元化的网络传播。

| 酒店资讯

碧桂园酒店：给你一个五星级的家

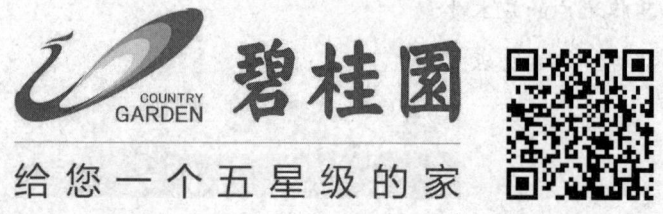

三、酒店品牌推广的特点

1. 经济性

品牌推广是人类经济活动的产物。由于酒店和顾客之间存在着严重的信息不对称，而酒店品牌推广可以增进顾客对酒店产品或服务的了解，使顾客获取信息的渠道得到较大改善，让顾客在选择酒店产品与服务时可以有所鉴别，在众多同类产品中选择最符合自己需求的，从而实现顾客的经济效益。与此同时，有效的品牌推广会使消费者产生更多的消费行为，从而给品牌经营者带来相应经济效益。

2. 主动性

酒店品牌信息的产生及其内容的构成是由品牌经营者支配的，品牌经营者按照自己的主观意愿对酒店品牌信息进行加工，决定其表现形式，并选择一定的渠道推广出去。同时，为了掌握品牌信息推广后的效果，酒店品牌经营者通常会主动进行调查和测试，而品牌信息的反馈过程也会受到品牌经营者的控制。

3. 目的性和针对性

由于酒店品牌的推广过程是一个由酒店经营者控制的过程，因此，品牌推广不可避免地会带有品牌经营者强烈的目的性，即希望顾客能接受酒店品牌信息并产生购买该酒店产品与服务的意愿及行为。其目的性主要表现在：品牌推广的对象明确，通常针对目标市场进行推广；品牌信息的表现形式以目标市场接受信息的能力来设计，以便顾客更好地受到品牌信息的影响；品牌推广后所产生的效果也需要进行测定与反馈。

酒店资讯

成都 W 酒店：Wed Your Way

成都W酒店

4. 付费性

酒店品牌经营者在进行品牌推广时，必须支付一定的费用来获得主动权和控制权。以广告形式为例，广告经费包括广告调查研究费、广告设计制作费和广告媒体费等。不同的品牌信息推广所需的经费各不相同，但从行业总体来看，品牌信息的推广费用正在不断上升。

5. 策划性

在品牌推广中，为了使顾客更好地了解酒店及其产品并接受酒店的某种观念或思想，进而产生购买行为，酒店品牌经营者通常会对酒店的品牌推广活动进行科学周密的策划。这些策划通常包括：酒店推广什么样的品牌信息能够更好地吸引受众的注意，采用什么方式来推广会更加与众不同，通过怎样的媒体组合可以使推广范围最大化等。

任务拓展训练

分析酒店品牌宣传中传递的信息

尝试搜集资料,选择一家你感兴趣的酒店品牌,请分别从目标人群、主题特色、宣传理念等角度分析该酒店品牌宣传中传递的信息。

1. 酒店品牌:_____
2. 目标人群:_____
3. 主题特色:_____
4. 宣传理念:_____

第二节 酒店品牌传播

任务描述

酒店品牌传播是指酒店以品牌核心价值为中心,在品牌定位的基础上通过各种传播手段将品牌信息传递给目标受众的过程,以实现酒店品牌价值增值的目的。酒店品牌传播是塑造酒店品牌的必要环节,是提升酒店形象的主要途径,是促进酒店产品销售的关键渠道,也是提高顾客满意度的重要方法。

本小节将阐明在进行酒店品牌传播前需要明确的三个基本问题,即向谁说、说什么、怎么说,并结合酒店品牌传播的发展趋势,提出相关策略。

任务目标

- 了解品牌传播的对象、内容与方向
- 理解酒店品牌传播的趋势
- 掌握酒店品牌传播的策略

一、酒店品牌传播的三个基本问题

问题一：品牌传播向谁说？

"向谁说"，是指要明确酒店品牌传播的目标受众。酒店品牌传播的目标受众包括酒店品牌使用者、潜在购买者、购买决策者以及影响决策者，不同的受众会因个体的差异而对同一信息产生不同的理解。因此，酒店要针对不同目标受众的特性，选择不同的信息传播媒介，以提高信息传播的效率。

问题二：品牌传播说什么？

"说什么"，是指酒店在品牌传播过程中向目标受众传递的内容。传递的内容分为品牌名称、品牌标语等语言信息和品牌标志、品牌功能、品牌个性、品牌形象等非语言信息。传播内容的质量直接关系到消费者能否建立起酒店所期望的品牌形象。因此，酒店应科学选择并整理传播的信息。内容上，酒店应选择与消费者利益直接相关的酒店品牌信息；结构上，酒店应根据目标受众接受信息的习惯，将最重要的信息放在开头或末尾，提高目标受众接收信息的效率。

问题三：品牌传播怎么说？

"怎么说"，是指品牌传播表达的艺术，是强势引爆、狂轰滥炸，还是娓娓道来、润物无声，都要根据受众目标接收信息的喜好来决定。同时，酒店要根据传递的内容综合运用文字、图片、声音、视频等形式，设计出最具吸引力的表达形式，使目标受众乐于接受、易于理解。传播的创意不仅要吻合传播媒体的调性，还要将品牌核心价值传递给消费者，围绕消费者的认知阶段进行有效的沟通，避免品牌传播过于以自我为核心[1]。

二、酒店品牌传播趋势

1. 打破时空限制，传播形式更立体多元

当下，互联网早已突破了以往面对面人际传播速度慢、覆盖面积小等局限，使人们的互动交流没有了时空限制，酒店和客户之间可以利用各类媒体进行传播与交流，随时随地发送或接收信息。随着短视频、微电影、动画、漫画等多种新颖传播形式的出现，酒店品牌传播有了更大的传播空间与无限可能。

---

[1] 谢佳科. 品牌传播三要素 [EB/OL]. https://www.socialmarketings.com/articldetails/14166，2021-04-14.

酒店资讯

华住酒店集团：30 秒住进你的心

2. 从单向传播到多向沟通，互动性显著增强

在过去，酒店主要通过新闻式宣传报道、公益活动和社交活动等形式进行品牌传播，消费者只能被动地接收相关信息。网络传播的互动性、实时性和全球化等特征，使酒店品牌传播的形式发生了根本性变化，酒店与消费者之间的单向交流变成了双向、多向交流。消费者在很大程度上掌握了信息传播的主动权，可以按己所需来自由获取信息，并对酒店品牌传播进行及时反馈。

3. 由单一渠道向多渠道转变，去中心化成为趋势

当单一渠道在实现品牌传播目标中的弊端日益显现时，多种渠道就成了必然选择，尤其是网络空间的快速拓展为品牌传播渠道带来了更多机遇，酒店利用网络传播品牌已成为不二之选。酒店以互联网作为基础平台，结合数据库和多媒体技术与消费者进行动态互动，为受众提供丰富信息。如借助酒店官网、微信公众号、微博、抖音等媒介，酒店和消费者可以实时沟通[①]。

[①] 敖永凤．基于互联网的酒店品牌传播策略［J］．现代营销（下旬刊），2017（8）：88．

酒店资讯

锦江酒店集团多渠道推广方式

三、酒店品牌传播策略

1. 明确酒店品牌定位

明确品牌定位是酒店制定品牌传播策略的前提。酒店要紧密结合自身优势来确定目标市场，通过深入调研来准确把握目标市场的群体特征，最后根据目标受众特征来确定品牌定位。只有品牌定位准确了，才能制定出有效的品牌传播策略。锦江酒店集团针对旗下的"全服务酒店"和"有限服务酒店"进行了差异化品牌定位，将"全服务酒店"的品牌定位为高端奢华类酒店，将"有限服务酒店"的品牌定位为经济型酒店，并针对这两种不同的定位分别制定了不同的品牌传播策略。

2. 增强品牌传播内容的黏性

酒店行业竞争激烈，各个酒店品牌的传播信息铺天盖地。消费者在做出选择前，一般都会先在各种网站或社交媒体上进行查询比对，比环境、比价格、比服务，查看评论、反复权衡、做出选择。因此，在提供个性化服务、满足客户需求方面，酒店经营者必须注重品牌传播内容的黏性，做实服务本质，突出品牌个性，学会讲述故事，创造热点与卖点，努力让消费者成为自家酒店品牌的"粉丝"。

3. 丰富酒店品牌传播方式

当前，很多酒店都推出了专属的官方App，为消费者提供全方位的信息与预订服务。有的酒店还与各大旅游网站开展长期合作，依托网站庞大的用户群体，对酒店品牌进行传播，增加酒店的客流量和收入。除此之外，酒店还可以在微信、微博上开通酒店官方账号，在官方账号上推送酒店最新动态，在评论区与消费者进行互动。同时，酒店还可以利用短视频的巨大流量，在抖音等短视频平台上发布酒店宣传视频，还可以利用直播等功能，进行消费者购前体验[①]。

任务拓展训练

探究酒店品牌传播三问题

智能手机和平板的广泛应用极大提高了生产效率，工作更加数字化，也更加灵活变通，但与此同时，生活与工作的界限逐渐模糊。

消费者需要一家酒店，能够更好地平衡工作与生活，迎合移动互联网时代商旅人士的需求。"We're all business，mostly"就是在这个大背景下提出来的，皇冠假日酒店希望借此巩固自身的品牌地位，在移动互联网时代继续保持对商旅人士的吸引力。那么，如何让中国消费者感知到皇冠假日酒店的品牌再定位和服务理念，成为大中华区皇冠假日酒店亟待解决的问题。

商旅人士的精英属性、品牌 slogan 的英文原生性再加上有道词典作为中国首部英语学习工具拥有的高端用户属性，这三者促成了皇冠假日与网易有道的此次合作。

请你结合背景信息，搜集相关资料，探究本次营销推广"对谁说""说什么""怎么说"三个问题。

1. 对谁说：_____
2. 说什么：_____
3. 怎么说：_____

---

① 方芳，姜馨怡，许正松.移动互联网时代下酒店品牌传播策略研究［J］.科技视界，2020（19）：249–251.

第三节　酒店品牌营销策略

> **任务描述**

品牌营销是通过市场营销使客户形成对企业品牌和产品认知的一个过程。企业要想持续保持竞争优势，必须积极谋求高层次的营销策略。最高级的营销不仅仅是建立一个庞大的营销网络，更重要的是利用营销网络把企业的品牌符号灌输到社会公众心里，把产品烙印到消费者脑海里。品牌营销是为自身标记专属"二维码"、有效破除同质化竞争的最好武器之一。本小节将分享酒店品牌营销的五种策略。

> **任务目标**

- 了解整合营销策略的含义与类别
- 区分产品营销策略与品质营销策略的差异
- 理解体验营销策略、特色文化营销策略的内涵

> **任务资讯**

一、整合营销策略

整合营销传播理论（IMC）于 20 世纪 90 年代初期由美国西北大学的唐·E.舒尔茨（Don E.Schultz）教授提出，并得到了企业界和营销理论界的广泛认同。在其经典著作《整合营销传播》中，整合营销传播理论的核心观点有三个：①强调从消费者的需求出发，将与目标消费者进行有效沟通作为开展市场营销的基础；②强调对广告、公共关系、CI、促销、直销、包装、媒体运用等一切传播手段加以整合，使企业能够向目标受众传递一致的品牌信息；③强调传播是营销的前提，营销是传播的结果，检验传播效果的标准在于销售的效果[①]。

整合可分为内容整合与资源整合。内容整合是资源整合的基础，资源整合推动内

---

① 董效康.湖南创意农业品牌形象传播策略探索［J］.产业与科技论坛，2021，20（4）：16–17.

容整合的实现。内容整合包括：精确区分消费者——根据消费者的行为及对产品的需求来区分；提供一个具有竞争力的利益点——根据消费者的购买诱因，确认目前消费者如何在心中进行品牌定位；建立一个突出的、整体的品牌个性，以便消费者能够区分本品牌与竞争品牌，关键是"用一个声音来说话"。资源整合更应注重发掘关键"接触点"，了解如何才能更有效地接触消费者，知道"在什么时候使用什么传播手段"，包括广告、直销、公关、包装、商品展示、店面促销等。无论是内容整合还是资源整合，两者都必须建立良好的"品牌—顾客"关系[①]。

酒店资讯

<h3 style="text-align:center">OYO 酒店与草莓音乐节的整合营销</h3>

二、产品营销策略

产品营销是一个由企业和顾客共同完成的过程，其核心是通过改进原有产品或开发新产品，并利用自身的服务与经营特色等营销手段，尽可能地把更多的产品销售出去。产品营销就是将产品注入一种思想、一种理念、一种象征、一种模式、一种文化，使原本单纯、枯燥的销售活动由简单的钱物交换变成情感交流，使销售具有灵魂。这样，顾客在购买与使用产品的过程中，就会得到情感与精神上的满足，并产生一种心理共鸣，乐于使用并与他人分享，从而达到营销的效果。

---

① 李妍菲. 唐·E. 舒尔茨的理论回顾［J］. 企业管理，2020（10）：113-116.

> **酒店资讯**
>
> ### 书香酒店集团引"食香"破疫情枷锁
>
>

三、品质营销策略

新媒体平台的发展为流量的大规模流动提供了便捷通道，也为流量的大爆炸提供了可能，而获得流量的前提条件则是要有优质的内容。携程集团高级副总裁汤澜认为，流量和内容，是最简单的鱼和水的关系，有好的流量，但是没有内容，等于浪费；有好的内容和好的流量，才能更广泛地发展。在未来，内容或将成为主导消费的决策性因素，好内容就是好品质。品质营销就是靠品质来赢得市场，而不是用关系和概念去营销。酒店要想做好品质营销，就必须把目标消费者的意见与喜好放在第一位，用严格的管理来打造严谨且贴心的服务，灵活运用高科技手段来持续提升服务水平，以获得好口碑与回头客。

四、体验营销策略

曾成功预测"第三次浪潮"的阿尔文·托夫勒再次预言：服务经济的下一步是走向体验经济，人们会创造越来越多的跟体验有关的经济活动，商家将靠提供体验服务取胜。

体验营销是指企业通过让目标顾客观摩、聆听、尝试、试用等方式，使顾客亲身体验企业提供的产品或服务，让顾客实际感知产品或服务的品质或性能，从而促使顾客认知、喜好并购买的一种营销方式。体验式营销包含了品牌与消费者之间的互动、参与和活动，目的在于能够有效直接吸引消费者，邀请并鼓励他们参与品牌倡导的理念。这种方式以满足消费者的体验需求为目标、以服务产品为平台、以有形产品为载体，通过生产、经营高质量产品，来拉近企业和消费者之间的距离。比如，海底捞的免费美甲、擦鞋服务，宜家的咖啡店、快餐店、儿童活动区等。

五、特色文化营销策略

英国诗人艾略特（T. S. Ellot）在《文化定义笔记》一书中写道：文化涵盖了一个民族的全部生活方式，从出生到走进坟墓，从清晨到夜晚，甚至在睡梦之中[①]。由此可见，文化在人们的生活中是无处不在、无时不有的。文化营销就是运用文化的力量达成企业既定目标的一种营销模式，这种营销模式以消费者为中心、以产品为载体、以文化为纽带、以故事感动人，将文化融入品牌营销的各个环节中，使企业输出的产品和服务带有本企业特有的文化，从而与消费者达成共识。文化是虚的，产品是实的，只有虚实结合的酒店经营才能给企业带来持续发展。在当前和今后的很长一段时期内，打造个性化的、具有特色文化的产品是酒店业的一个重要发展思路，适当布局一批"文化＋酒店"的民族文化体验消费场所，以促进文化产业与酒店业的融合发展。

任务拓展训练

酒店品牌文化先觉，挖掘酒店特色文化

"文化先觉"，即在品牌文化造就的每一步，都能够率先觉醒——从有坚实的品牌文化基础，到有持续的品牌文化指引，再到有恰逢其时的品牌文化传承与传播，都要先人一步，成为行业的影响者。

请你尝试选择一家酒店，尝试从服务、产品等层面挖掘其中蕴含的品牌文化。

1. 目标酒店名称：＿＿＿＿＿＿＿＿＿＿＿＿＿＿＿＿＿＿＿＿＿＿＿＿＿
2. 服务层面：＿＿＿＿＿＿＿＿＿＿＿＿＿＿＿＿＿＿＿＿＿＿＿＿＿＿＿
3. 产品层面：＿＿＿＿＿＿＿＿＿＿＿＿＿＿＿＿＿＿＿＿＿＿＿＿＿＿＿

---

① T S Eliot. Notes towards the Definition of Culture [M]. London：FaberandFaber，1948：31.

第四节　酒店品牌营销新视野

▎任务描述

　　品牌营销是指企业确定品牌形象和客源市场后,通过把握顾客的心理,生产一系列投其所好的产品,以此来培养顾客忠诚度,增加品牌附加值,使顾客产生品牌联想,取得品牌效益的营销过程[1]。本小节将从营销技术、消费需求、营销渠道以及营销方法这四个方面,介绍酒店品牌营销的新视野。

▎任务目标

- 了解整合营销策略的含义与类别
- 区分产品营销策略与品质营销策略的差异
- 理解体验营销策略、特色文化营销策略的内涵

▎任务资讯

一、新的营销技术

　　数字时代,消费者获取产品信息的方式、购买各类商品的渠道都在发生着翻天覆地的变化,消费者越来越注重沉浸式、有代入感的"场景"和"体验"。以直播为代表的营销方式火遍全网,企业、商户、个人依托淘宝、抖音等平台,大力推介自己的产品和商品,从美妆、美食等领域出圈到酒店业。"直播+预售"几乎成为2020年以来酒店业的主旋律,霸占了不少媒体的话题和流量。直播带货简化了用户实际体验的环节,拉近了酒店与消费者的距离,通过屏幕逐步建立起信任感,并利用线上的社交生态促进消费者的购买决策。当前,酒店可以通过直播渠道,找到潜在顾客对酒店产品可能产生的兴趣点,用以优化产品、服务,提升品牌价值,同时逐步布局私域流量

---

[1] 赵嬰,宋明.亚朵酒店品牌营销策略研究[J].营销界,2020(12):16-17.

池的建设，朝着顾客最终的"购买"行为迈进①。

除此之外，VR 技术也运用到酒店业中，顾客能够在线选房订房，体验虚拟入住。所见即所得，顾客实地入住与其预期高度吻合，不仅有利于降低投诉率，还能提高酒店在互联网上的口碑和品牌形象。

酒店资讯

酒店集团数字化营销新局面

二、新的消费需求

近年来，酒店消费者群体在年龄构成上发生了明显变化，"80 后""90 后"甚至"00 后"逐渐成为酒店消费的主力军，以"95 后""00 后"为代表的年轻消费群体又被称作"Z 世代"（网络流行语，指新时代人群）。这些"奔涌的后浪"消费能力很强，因为年轻所以诉求大不相同，从最基本的使用需求跃进到更高层次的精神需求，他们不再满足于产品本身，而是更注重购买体验与品牌个性共鸣，并追寻分享价值。潮流、个性、定制、有趣、好玩、刺激、品位、体验、科技、网络社交、绿色环保、酒店+X 等，成为新一代消费者追逐的标签，其中"X"包括咖啡、电竞、摄影、音乐、运动健康、时尚艺术，浪漫文化等不同主题②。"Z 世代"的需求及诉求特点为酒店品牌的成长提供了前所未有的机会和空间，倒逼酒店业的消费结构必须进行深刻调整。了解新生代的消费需求，是酒店管理者的新挑战，也是必须把握的机遇，各大品牌都在纷纷寻求更符合年轻用户习惯的产品体验、沟通语言、触达渠道和场景，以适应当下的消费潮流和趋势。

---

① 从"仪式感"走向"生活化"数字时代下高端酒店迈向直播［EB/OL］.https://www.mob.com/about/news/876，2020-06-02.

② 陈晓东.Z世代加速酒店创新升级 他们愿意为什么买单？［EB/OL］.https://www.meadin.com/jd/238897.html，2022-02-03.

> 酒店资讯

维也纳酒店构建消费者间引力场，迎来焕新创变

三、新的营销渠道

　　新媒体营销是依托新媒体技术的快速发展而兴起的一种形式营销手段。它是指企业在互联网与新媒体业已高度发达的基础上，有效借助互联网和新媒体来宣传企业的形象与产品，以提升市场竞争力、扩大企业营销利润。目前，新媒体营销渠道主要可以分为以下10大类：网站门户、搜索引擎、微博、微信公众号、QQ、博客、BBS论坛、手机、移动设备、App[①]。酒店应大胆创新宣传模式，广泛借助这些流量转化阵地，努力提升消费者对于酒店产品与形象的认可度，为酒店的持续发展争取更广泛的支持。新媒体营销虽然为酒店的发展提供了更多元的渠道，但酒店营销人员还是选择适合自身酒店发展特点和需求的新媒体营销渠道，确保营销渠道与酒店经营理念相符，以促进酒店的长足发展。

> 酒店资讯

"要出众，先出圈" 网红酒店"种草"指南

---

① 朱晓磊.企业新媒体营销渠道现状与管理研究［J］.全国流通经济，2021（26）：28–30.

四、新的营销方法

营销方法大致包括跨界合作营销、活动创意营销和事件营销三大类。

1. 跨界合作营销

联合利华大中华区总监周博说:"跨界就是打破领域之间的壁障,开创性地结合不同领域产品之间的特点,使之形成新的商业模式、产品或者营销活动。"跨界营销是不同领域品牌利用各自品牌的特点和优势,从多个侧面诠释一个共同的用户体验[①]。跨界合作的品牌是不同行业之间的合作,合作之后会产生新的产品或服务,且新产品具备两个品牌的共同特质,跨界合作会使得双方达到共赢的效果,提升双方品牌的形象。"1+1 > 2"的效果使越来越多的品牌方更加青睐跨界合作,对于酒店业来说,跨界合作也未尝不是"玩转"品牌营销的一个法宝。

│酒店资讯

威斯汀酒店与运动品牌 Keep 的跨界合作营销

2. 活动创意营销

活动创意营销主要是指酒店围绕每日、每周的活动安排,尤其是当年酒店品牌的主线及节假日活动计划来设计和确定营销方式。比如,母亲节前夕,锦江都城策划了礼遇母亲节活动,推出特制的五谷杂粮餐,还有系列花样探索与至趣亲子活动;潮漫酒店联合盘子女人坊,推出了"母亲节专享礼"的摄影套餐,打出了"趁今天留下母亲最年轻的样子吧"的宣传标语,都是一种典型的活动创意营销。

---

① 胡水. 跨界营销 重申用户体验 [J]. 中外管理,2007(11):87–89.

酒店资讯

尼依格罗酒店的"第三种生活"主题活动营销

3. 事件营销

事件营销是指企业通过策划、组织和利用具有新闻价值、社会影响以及名人效应的人物或事件，吸引媒体、社会团体和消费者的兴趣与关注，以求提高企业或产品的知名度、美誉度，树立良好品牌形象，并最终促成产品或服务销售目的的手段和方式。公益、聚焦和危机这三类事件，因深受用户关注而极具新闻价值、传播价值和社会影响力，故而称为事件营销的常用切入点。对于企业来说，事件营销是短时间内扩大品牌影响力、提升美誉度和市场销量的有效途径，而酒店同样可以借助突发性的、具有新闻价值并能够引起人们关注的事件来开展营销活动，从而扩大酒店的社会影响力。

任务拓展训练

酒店+X 如何出圈？探寻酒店品牌跨界营销关键

跨界营销最早可以追溯到 1900 年诞生的《米其林指南》。在近些年，移动互联网的快速发展使得用户的阅读以及消费习惯发生改变，单点、有限范围内的营销已经不能引起更多用户的注意，这也促使更多的原本业务上毫不相关的品牌走到一起。早在 21 世纪初，国外部分酒店品牌就选择牵手时尚品牌，做出了跨界产品，包括万豪旗下的宝格丽酒店、位于迪拜的阿玛尼酒店以及爱马仕公寓等。而在互联网浪潮的影响下，营销层面上的跨界和"快闪"式产品则成为酒店在流量获取方面的利器。在新冠肺炎疫情暴发后，越来越多酒店品牌选择跨界营销。如果说疫情之前的跨界营销是酒店业态链接的新鲜探索，那么在疫情之下，"酒店＋X"的形式更多了一层"抱团取暖"的意味。

请你选择一个酒店品牌，列举其跨界营销的案例，并从用户体验、共同特质、创新内容等方面分析其跨界营销的影响。

1. 酒店品牌 +X：_____

2. 用户体验：_____

3. 定制融合：_____

4. 营销创新：_____

项目思考题

1. 在进行酒店品牌传播前需要明确哪些问题？
2. 酒店品牌传播呈现哪些发展趋势？
3. 在新趋势下，酒店品牌传播可以采取哪些策略？
4. 根据年青一代的消费习惯，如何利用数据和技术的驱动，让酒店服务这种"体验型"产品，迸发出新的营销生机？
5. 酒店品牌营销还有哪些创新之处？
6. 你心目中的最佳品牌营销案例是哪一个？

任务拓展训练答案集锦

任务一　　　　　任务二　　　　　任务三　　　　　任务四

任务拓展训练

一切文明的焦点：百年酒店华尔道夫

在经典电影《闻香识女人》（Scent of a Woman）里有一句对白：

"我们在哪里？"

"一切文明的焦点——华尔道夫酒店"。

这足以看出这家酒店在美国文化中的地位，《闻香识女人》里这个最经典的探戈桥段就取景于华尔道夫 Vanderbilt 宴会厅，觥筹交错，舞影斑斓，已成为众多文青念念不忘的摩登之巅。

1893 年，威廉·华尔道夫推倒了自己位于第五大道和 33 街交会处的大宅，盖起了 13 层高的华尔道夫饭店。饭店融合了华宅场景和摩天楼轮廓的楼身，在纽约树立了大饭店的雏形，其古典的外壳下植入了当年极为先进的电力系统，多数房间都配备了私人浴室，恢宏的建筑物加上巧夺天工的装饰，让华尔道夫饭店迅速在纽约社交圈树立了威信，成为城中最受青睐的社交据点和旅居之所。玛丽莲·梦露、滚石乐队等曾来此参加演出，就连李鸿章也曾下榻于此，轰动一时！

华尔道夫的建树不只在建筑革新和社交氛围的营造上，更在于餐饮上的革新之举——酒店大厨 Oscar Tschirky 在酒店开业慈善舞会上，创作一款以核桃仁和苹果为基底的酸甜口感沙拉，结果这款名从酒店的"华尔道夫沙拉"一炮而红，成了 20 世纪末横霸美国人餐桌的国菜。

恢宏的建筑、先进的配置、革新的餐饮，华尔道夫的矗立令全纽约为之倾倒，之后华尔道夫的堂弟阿斯特四世，在华尔道夫酒店隔壁筑起了更为恢宏的 Astoria 饭店，这座饭店无论高度、体量、奢华程度都远超华尔道夫。不过为了促进家族和睦，缓解内部争斗，Astoria 饭店落成后不久即宣告与一墙之隔的华尔道夫合体成 Waldorf–Astoria 酒店。衔接两店的 300 米连廊因缀满了珍宝，酷似孔雀屏般绚烂，而得名"Peacock Alley"。

1912 年 4 月，坚持把逃生机会留给妇孺的阿斯特四世毅然留在了被冰海淹没的泰坦尼克号上，就此失去了与华尔道夫重逢的机会。而泰坦尼克号船难的首场听证会就安排在华尔道夫召开，包括威廉·华尔道夫在内的很多遇难者家属，都在酒店的钟下等待和怀念亲人。所以《泰坦尼克号》中"Meet me at the clock"并非一句简单的台词，而"钟"也成了很多华尔道夫酒店的灵魂装备。

1929 年，华尔道夫酒店因原址要建设帝国大厦而改址到了公园大道，重新建在一座 47 层楼高的建筑内，成为当时"全球最高酒店"，新华尔道夫一落成就征服了无数人。希尔顿酒店创始人康莱德·希尔顿曾把酒店照片从报纸上剪下，在照片上写下"The greatest of them all"，压在玻璃板下，激励自己早日得到这间理想酒店。1949 年，康莱德如愿以偿，把希尔顿的发展历程分为"华尔道夫前"和"华尔道夫后时代"。2006 年，希尔顿集团将纽约华尔道夫的名字定名为集团内定位最高的品牌——Waldorf–Astoria Hotels & Resorts。

目前，华尔道夫品牌旗下拥有超过30家标志性顶级奢华酒店，致力于为顾客提供专业的个性化服务，打造独特美食体验。比如，北京的华尔道夫运用简约清丽的表象诠释中式大宅的深邃和皇城的非凡气度，另有一处四合院掩藏主楼身后，新老建筑交相辉映、相互传承，完美沿袭了华尔道夫的品牌精神；成都的是一家高空版的华尔道夫，大堂被抽离地面请上云端，但室内小心翼翼地对华尔道夫的传奇历史和四川本地特质予以融合；曼谷的华尔道夫则运用惊人的层高、挺拔的立柱、大篇幅象牙色及黄铜回溯了华尔道夫在黄金年代的骄人战绩，最有特色的是华尔道夫为无边泳池建造了一顶巨型遮阳伞，免去了泳池管理员收放遮阳伞的繁复工序；马尔代夫的华尔道夫横跨3座岛屿，用环境和丰富的体验，让顾客回归度假本身，感受这座热带水上游乐胜景的美妙；最新开业的厦门华尔道夫兼具华尔道夫的华贵磅礴和鼓浪屿异国风格小楼的精巧多元[①]。

华尔道夫为何如此具有吸引力呢？最经典的自然是其独特的文化，真正的奢华一定是历史文化赋予的。如果说纽约旗舰店使华尔道夫让世人所知，那么上海外滩华尔道夫酒店则让这个品牌走进了中国上流社会的灵魂深处。

上海外滩华尔道夫酒店坐落于外滩二号，原址为上海总会，由建于1910年的会所大楼及邻座全新建成的华尔道夫酒店大楼组成。酒店大楼高24层，顾客可以欣赏外滩堤岸、黄浦江的繁华盛景。上海外滩华尔道夫酒店结合了上海外滩闻名遐迩的历史与文化以及21世纪的繁华，华丽的酒店大堂里，耸立着缀有黑纹的白色云石及帕拉第奥式柱子，有着16世纪意大利建筑韵味。精致的家具及原装设备，包括市内最后几台人手控制的三角形升降机，与独特的传统中国特色结合，唤醒了老上海的地道怀旧氛围。

上海外滩华尔道夫酒店善于利用其他策略来进行营销，除夕夜，酒店推出了由米其林餐盘餐厅出品的除夕九道式团圆宴、百味园自助年夜饭及新春开年饭等，让客人与家人朋友畅快共度温馨暖心的团圆时光；情人节，酒店也特此为客人，准备了不一样的浪漫情人节套餐，推出限定下午茶，以浪漫甜蜜的粉色为主调，甜品惟妙惟肖地呈现出口红、高跟鞋等趣味造型，让人一见倾心[②]。

---

① 汪诗原.希尔顿：101年来，我最重大的决定叫"华尔道夫"[EB/OL].https://www.shangyexinzhi.com/article/2014257.html，2020-06-13.

② 最美食.上海｜恣享暖心团圆，尽在上海外滩华尔道夫酒店[EB/OL].https://www.sohu.com/a/445463251_107307，2021-01-19.

华尔道夫的产品营销也为其品牌传播打造了独特的识别体系,除了前文提到的华尔道夫沙拉,华尔道夫的识别体系还包含原创的班迪蛋、千岛酱、红丝绒蛋糕助兴的下午茶,还新添了阿斯顿·马丁跑车体验、菲拉格慕洗护套装、供顾客以茶会友的Peacock Alley、娇兰和Valmont加持的SPA馆等。不过,更美妙的还是各间华尔道夫因地制宜的,由建筑、历史、设计、餐饮、水疗等多维元素融合而成的盛大宴会。

在营销传播途径上,华尔道夫与时俱进,北京华尔道夫酒店以红丝绒蛋糕制作为主题,在淘宝直播平台推出了直播首秀。此外,酒店还与某旅游类杂志合作,在多场直播中展示了端午节活动及都市奢华露营的套房内容。除了直播,酒店还加入了高端酒店送外卖的"大军",由酒店司机和配送专员完成。餐品价格与其他酒店相当,但配送门槛更高。酒店餐饮部人员表示为保证餐品质量,五环外不予外送。除了普通餐食,酒店还推出了会议茶歇外送服务。可见,作为顶豪酒店,北京华尔道夫也希望借助外卖服务招揽更多生意。品牌采取市场下沉的战略,可以进一步带动酒店市场升级和结构调整,满足中产阶级对品质生活的要求[①]。

思考:通过了解华尔道夫酒店发展历程,请分析华尔道夫酒店的发展优势。这家看似无须营销的传奇酒店,又是如何进行营销的呢?请归纳可借鉴之处。

推文链接

项目实训

酒店品牌推广

【实训内容】

请结合主流视频平台与酒店的特点,自行选择一个视频平台,为本组的酒店品牌制作一个新媒体营销视频,时长不超过5分钟。

---

① 胡晓钰.送外卖、做直播 顶豪酒店北京华尔道夫"接地气"式自救可行吗?[EB/OL].https://www.bbtnews.com.cn/2020/0713/360741.shtml,2020-07-13.

【实训成果】

作品将在微信平台进行统一投票,两家酒店投票数排列第一的小组将展示完整的制作思路。

【实训计划】

1. 确定组内角色及分工

组长:_____   任务:_____

组员1:_____   任务:_____

组员2:_____   任务:_____

组员3:_____   任务:_____

2. 查阅资料,归纳整理

(1)你们组选取的视频平台是哪一个?选择的原因是什么?

(2)请分别从对象、目标、内容、途径四个维度,分析你们的营销视频。

3. 完成营销视频制作,并上传至线上学习平台

(1)自创酒店的品牌营销推广视频

(2)营销视频的制作灵感与汇报PPT

项目笔记

_____

_____

_____

_____

_____

项目评价

活动	评分标准	自我评价	小组评价	教师评价
任务拓展训练（20分）	任务一拓展训练，答对全部记5分			
	任务二拓展训练，答对全部记5分			
	任务三拓展训练，答对全部记5分			
	任务四拓展训练，答对全部记5分			
项目完成过程（40分）	能正确理解任务资讯的相关内容（5分）			
	能获取相关行业、酒店资讯（5分）			
	通过小组讨论与自学，利用信息化教学资源、互联网等完成活页（5分）			
	认真思考，积极动手、动脑（5分）			
	能很好地展示活动成果（10分）			
	积极参与小组合作与交流，配合默契，互帮互助（10分）			
实训作品效果（40分）	文稿美观，要素完整（10分）			
	表达流畅清晰（10分）			
	文稿内容无专业错误，客观真实（10分）			
	整体效果（10分）			
合计				
自我评价与总结				
教师点评				

第四篇
酒店品牌之树的成长期

第七章
品牌之树的修枝造型

丛林之中，只有少数充满活力、枝繁叶茂的大树能够"木秀于林"，而一棵树要成为造型优美的景观树则离不开后天的养护与修剪。正如在酒店产品严重同质化的市场环境下，只有少数具有较强竞争力的酒店品牌才能备受宾客喜爱，而竞争力的培育又离不开酒店企业对"品牌大树"的修枝造型。任何一个酒店企业要想让本企业的"品牌大树"翠绿常青，就必须正确理解品牌竞争力的内涵、准确认知品牌竞争的关键与新层次，扎实做好"修剪"工作。

项目导航

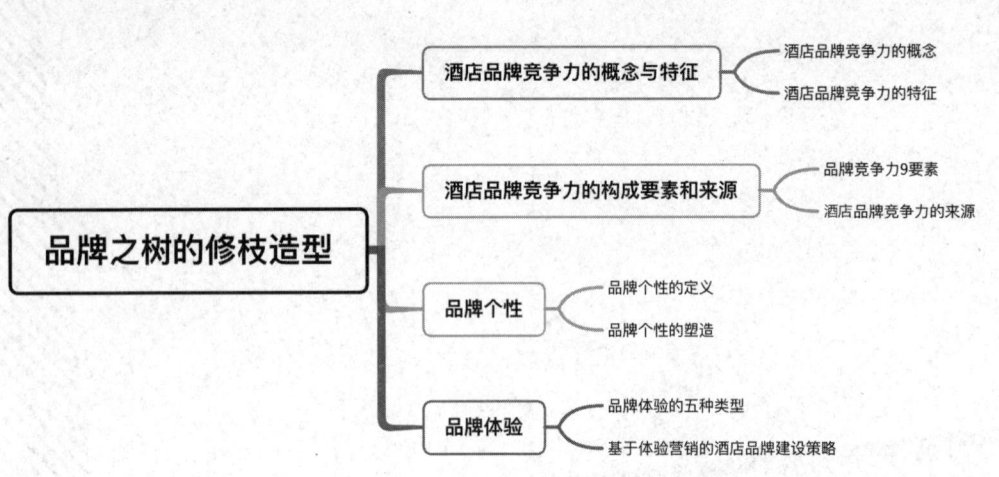

项目目标

知识目标：

①了解酒店品牌竞争力的定义及特征

②掌握酒店品牌竞争力的构成要素及来源

③熟悉品牌个性、品牌体验的相关内容

实践目标：

①能基于对酒店品牌竞争力的相关知识与基础理论的理解，对所熟悉的酒店品牌进行基本的竞争力分析

②能够迁移本章节的知识，结合知名酒店集团的品牌竞争力，对相关酒店的品牌个性、品牌体验进行反思

行业资讯

青岛啤酒是享誉世界的中国品牌。近年来，青岛啤酒始终坚持以"四度"国际化品牌衡量标准（品质的厚度、历史的长度、销售覆盖的广度、站位的高度）、以"三高"国际化品牌定位（高品质、高价格、高可见度）建设和培育品牌；坚持以品牌"三个引领"（品质引领、创新引领、文化引领）为核心不断拓展和深化品牌国际化运营，通过沉浸式全方位品牌推广模式持续提升品牌的竞争力与影响力[①]。

品质引领立牌。品牌归根结底还是要靠"产品力"来支撑。近年来在"基础质量+特色质量"的基础上，进一步提出了"魅力质量"。从单一产品的魅力质量，到场景、服务、体验、品牌的魅力质量，逐步培育和形成了差异化、高品质的品牌体验，提升了自身品牌竞争力，让消费者能够从满足到惊喜。

---

① 中国经济时报.青啤集团：以"三个引领"提升中国品牌国际化竞争［EB/OL］. https://jjsb.cet.com.cn/.

创新引领强牌。以创新点亮中国品牌。通过推出新产品、打造新生态、优化新供给、提供新场景，满足消费者多层次需求，连续推出"百年之旅""琥珀拉格"等系列新品；通过全球啤酒饮料行业首家工业互联网"灯塔工厂"，定制冬奥冰雪罐；开设200多家TSINGTAO1903酒吧，打造遍布全国50多城的青岛啤酒节，为消费者打造沉浸式体验新场景。

文化引领铸牌。品牌的背后是文化。在品牌年轻化、时尚化、国际化的道路上，青岛啤酒提出以更高站位、向更远处发声，把优秀传统文化与现代商业文明有机融合起来，创造了属于自己的品牌个性。青岛啤酒始终以开放塑造品牌格局，乘着"一带一路"的东风，进行全球化资源的优化配置。目前销往全球100多个国家，开展"一带一路跟着中国品牌看中国"活动，将青岛啤酒节开到西非国家利比里亚，树立了中国质造在国际市场上的高端品牌形象，被誉为"舌尖上的外交官"。国潮正当时，让中国产品植入中国文化元素和文化基因，让中国品牌更具中国气质、中国韵味、中国个性。

青岛啤酒在海外市场的良好表现，以"墙外开花墙内香"的效应反哺了国内市场的发展壮大和公司整体经营业绩的提升，极大地提升了企业的品牌竞争力。2020年疫情之下青岛啤酒业绩屡创历史新高，在资本市场等领域赢得了更多信任、信心，股价屡创自1993年上市27年以来历史新高，实现股票市值破千亿元，品牌价值达到1792.85亿元。2021年第一季度，青岛啤酒2020年高质量发展良好势头，实现高质量业绩"开门红"，报告期内公司销量、收入、净利润三增长，助推青啤乘势而上，实现高质量发展"再攀高峰"，展示出了良好的增长态势和发展韧性。

资讯启示：

青岛啤酒在创造良好经济价值和社会价值的同时，也提升了中国品牌的国际化高端形象与竞争力，为中国企业培育和打造世界一流品牌提供了可借鉴经验。对于我国本土酒店品牌的发展，各酒店企业可以学习青岛啤酒走向国际化的方法，通过创新、探索和实践，实现企业高质量发展，提高品牌竞争力，推动中国产品走出去、品牌走上去、文化走进去。

第一节　酒店品牌竞争力的概念与特征

> **任务描述**

竞争力又称为"国际竞争力",至今尚无公认的明确定义。国际竞争力可以包括产品竞争力、酒店竞争力、产业竞争力、国家（或地区）竞争力。"世界经济论坛"在1985年的《关于竞争力的报告》提出,国际竞争力是"企业主目前和未来在各自的环境中以比它们国内和国外的竞争者更有吸引力的价格和质量来进行设计生产并销售货物以及提供服务的能力和机会"。1994年的《国际竞争力报告》又将国际竞争力定义为:"一国一公司在世界市场上均衡地生产出比其竞争对手更多财富的能力。"[①] 很明显,前者偏重企业竞争力,后者偏重国家竞争力。本任务研究的酒店品牌竞争力,属于前者。

> **任务目标**

- 理解酒店品牌竞争力的概念
- 掌握酒店品牌竞争力的特征

> **任务资讯**

一、酒店品牌竞争力的概念

竞争战略之父、哈佛商学院教授迈克尔·波特认为,一个酒店要想战胜竞争对手,唯一的手段就是向宾客提供持续的、受到保护的和差异化的价值。这种手段实际上就是酒店的竞争力,其外在表现就是能向宾客提供差异化的价值。那么,品牌竞争力就可以理解为"品牌能向顾客提供有意义的差异化价值的能力",而酒店品牌竞争力指的就是某一个酒店产品超越其他同类酒店产品的竞争能力,是其他同类酒店产品不易甚至无法模仿的能力,是开拓、占领市场并获取更大市场份额的能力。

[①] 李玉兰,亦冰.国际竞争力研究的进展[J].世界科技研究与发展,1996（2）:84-86.

品牌竞争力使企业的产品能以比同类产品更高的价格出售，或以同样的价格占据更大的市场空间，甚至在市场很不景气、削价竞争的时候，也能为企业赢得高的利润。在激烈的酒店市场环境中，强劲的酒店品牌竞争力能让本品牌存在延续发展的可能性，其力量是巨大的，给企业带来利润的同时，也能够给顾客带来使用价值。

■ 酒店资讯

华尔道夫品牌背后的意义

二、酒店品牌竞争力的特征

1. 能力比较性

酒店品牌竞争力是某一酒店在品牌竞争的过程中所表现出来的、可以与其他酒店产品进行比较和抗衡的能力，如酒店产品的质量、价格、市场占有率等。在酒店业的众多品牌中，如国际酒店中的希尔顿、万豪等品牌，以及本土酒店中的锦江、华住等品牌，它们的品牌竞争力是什么，存在什么样的差别，又分别具有怎样的特征。这些差异和特征其实就是品牌从它的质量、价格和市场占有率等方面反映出来的可比较性。

2. 目的利益性

酒店品牌竞争力最直接的体现和最终的目的就是获取更多的宾客、占有更多的市场份额，从而获取更多的利润，为企业带来最大化的利益。连锁率是衡量一个酒店品牌竞争力的重要指标。目前，美国、日本等发达国家酒店品牌的连锁率已经达到60%、70%甚至是80%，而且还在不断提升。而中国的酒店行业仍高度分散，并由大量独立酒店及少数连锁酒店组成，相比于国际连锁品牌来说，本土酒店难以获得竞争优势，所占市场份额较低。①

---

① 酒店供应量增长 https://www.qianzhan.com/

3. 竞争动态性

酒店品牌竞争力不是一成不变的，是随着外围市场环境、竞争环境以及酒店发展战略、结构调整等因素的变化而变化的。各个酒店品牌竞争力的强弱优劣也不是绝对的、永恒的，也是随着内外部环境和主客观因素的变化而变化的。酒店要想保持长久的、强劲的品牌竞争力就必须不断加强品牌经营管理。

4. 形成过程性

任何酒店的品牌竞争力都不是一朝一夕就能够形成的，而是有一个打造、培养、积累及迸发的过程。比如，拥有稳固市场地位的华尔道夫、瑞吉等著名酒店品牌都是在长期的发展过程中，不断积淀和培养自身的品牌竞争力，才被人们熟知并认可的。

5. 资源整合性

酒店品牌竞争力是酒店资源配置的产物，也是酒店运作系统和品牌管理系统整合的产物，缺少任何一种必要的资源或者系统中某一环节整合不佳，都会影响酒店品牌竞争力的培育和建立。整合可以把分散的优势变为综合优势，把局部优势变成整体优势。例如，城市名人、华天酒店、开元、纽宾凯、曙光、粤海六大酒店集团签署战略合作协议，六方成立酒店联盟体，在会员共享与联合订房等方面展开深度合作，以"酒店联盟"的形式，实现规模效应，从而提升自身品牌竞争力。①

任务拓展训练

"老牌"五星酒店如何重新激发竞争力？

2022年，在上海长乐路与瑞金一路的交叉口，一幢43层的大楼泰然高立，这就

---

① 中国证券报.酒店业上市公司加速资产整合［EB/OL］. https://www.cs.com.cn/.

是新锦江大酒店的所在。对年青一代的消费者而言，新锦江大酒店更像是一个文化标签，是一个具有历史韵味的"网红打卡点"。对那些阅历丰富的主力消费者来说，他是一种身份名片，见证了一个时代、一代人的峥嵘岁月。而对于很多酒店同行而言，新锦江大酒店作为一家30多年的老牌五星级酒店，在盛名中面临困境，又在桎梏中重新激发活力，他的应对与经验极具借鉴意义。

请你查阅相关资料，了解这一老牌五星级酒店为重新激发竞争力采取了哪些措施，从中你又获得哪些经验与启示呢？

第二节　酒店品牌竞争力的构成要素和来源

任务描述

酒店品牌竞争力往往并不是特指某一种单一能力，而是酒店的内部与外部环境创造出的不同能力所组成的合力。酒店品牌竞争力所具有的竞争动态性、形成过程性、资源整合性等特征，客观上要求我们必须根据酒店所处的行业环境、酒店自身的竞争优势与产品特色、品质等方面对品牌竞争力进行研究。而各酒店品牌要想在激烈的市场竞争中站稳脚跟，就要清楚自身的竞争力主要来源于哪些方面，又要从哪些方面去提升自身的竞争力。

任务目标

· 熟记品牌竞争力9要素
· 理解酒店品牌竞争力的来源

> 任务资讯

一、品牌竞争力 9 要素

具体来说，品牌竞争力主要包括 9 个要素或是 9 种力，分别为产品力、文化力、资本力、创新力、传播力、延伸力、市场力、忠诚力和支持力。

1. 产品力

产品力是指企业产品的市场价格和其所占的市场份额，是产品竞争力的一个重要的构成要素。比如，目前市面上常见的手机品牌大多是华为、苹果、三星等，而曾经的诺基亚、摩托罗拉等品牌几乎已经销声匿迹了，这就反映出这一类手机品牌的产品力已经消失殆尽了。

2. 文化力

文化力是企业软实力的重要体现，是企业文化对企业发展所产生的作用力。文化是品牌的底蕴，一个没有文化底蕴的品牌是没有长久吸引力的。酒店企业可以通过独特的企业文化，使自身的品牌更具标志性，且能借此与消费者建立深度的灵魂链接。

> 酒店资讯

凯里亚德酒店 V3.0 对探索精神的诠释

3. 资本力

成功打造一个酒店品牌并使之具备一定的竞争力，离不开持续的资本投入，这就很考验酒店是否具备强大的资本力。一个酒店企业资本越雄厚，就越能够给自身品牌铺平道路，使自身品牌始终具备一定的竞争力。

4. 创新力

创新是酒店品牌保持活力的源泉。酒店品牌创新主要包括三个方面，即酒店产品或服务的创新、品牌形象的创新、品牌营销手段的创新。近些年，新零售给酒店市场带来了不小的变化，这就要求各酒店企业根据这种变化作出相应的创新。其中首旅如家做了以下的创新实践：提供多样化的产品、尽可能地让消费者自助、业务的移动办理（如家体系80%的业务都在手机上完成）、流程跟人走[①]。

5. 传播力

酒店企业一般都设有品宣部，有的也叫传媒部或传讯部，它们都承担着酒店品牌传播这一职能。酒店企业要主动向消费者宣传推广品牌信息，促进消费者购买品牌，维持消费者心中的品牌记忆。酒店如果没有强大的品牌传播力，那么很难使自身品牌在消费者心中占据一席之地。

6. 延伸力

一个有生命力的酒店品牌一定是具有较强延伸力的。品牌延伸力是树立品牌形象、扩大品牌影响力、增强企业赢利能力和市场竞争力的能力反映。酒店品牌延伸包括产品线的延伸和产品种类的延伸，其中产品线的延伸是指将品牌适用到相同类别的新产品上，即以一个产品为基础，经过不断地研究和创新开发出以此产品为基础的系列产品；产品种类的延伸是指将品牌应用于不同类别的新产品上，这些新产品的档次可能会有所差别。

希尔顿酒店集团除了希尔顿这一主品牌以外，还有康莱德。康莱德·希尔顿是希尔顿酒店集团的创始人，希尔顿是他的姓，康莱德是他的名。同时，希尔顿酒店集团旗下还有华尔道夫、希尔顿意林、希尔顿花园，还有嘉乐丽等品牌，这些都是在希尔顿这个主品牌的品牌下延伸出来的子品牌[②]。

7. 市场力

市场力指一个酒店品牌在市场中占有份额的能力，通常体现为市场占有率、顾客喜爱程度及品牌销售速度等。强势的品牌市场力一般都会收到丰厚的回报。洲际酒店集团2021年上半年营业利润为1.38亿美元，体现出了极高的市场力。

8. 忠诚力

忠诚力是品牌竞争力的一个重要组成要素，通俗地讲，就是指某一产品品牌能够拥有忠诚粉丝的能力。很多消费者一旦中意并忠诚于某一酒店品牌，那么不管他是因公出差还是度假休闲，只要目的地有这一酒店品牌，他都会毫不犹豫地选择入住。这

---

① CIO发展中心. 新零售下的酒店创新［EB/OL］. http://www.ileader.com.cn/.
② 希尔顿酒店集团官网 https://www.hilton.com.cn/zh-cn/

就很能体现出这一酒店品牌的忠诚力。

9. 支持力

酒店要想打造强势品牌，除了取得市场的支持之外，还必须获得政府对自身品牌的支持。长期以来，我国各级政府就一直致力于提升中国品牌竞争力，努力构建企业自主、市场主导、政府推动、行业促进和社会参与的商标品牌工作格局，大力推动中国产品向中国品牌转变。

二、酒店品牌竞争力的来源

酒店品牌竞争力主要来源于两个方面，即品牌竞争力的外部来源和内部来源。

1. 外部来源

酒店品牌竞争力的外部来源是辅助性因素，是影响品牌竞争力形成的保障变量，主要包括政府政策、产业、战略联盟等。

（1）政府政策

传统的经济学观点认为，政府不该干预经济运行。从亚当·斯密"看不见的手"到萨伊定律"供给会自动创造它自身的需求"再到以马歇尔为代表的新古典学派，都认为市场经济可以通过市场机制自动调节达到均衡。20世纪30年代，西方经济陷入了空前严重的危机。面对危机，传统经济理论与社会现实完全脱节，无法解释现实，更难以拯救现实的经济。于是"凯恩斯革命"在这样的时代背景中应运而生了，凯恩斯主张将自由的市场经济模式转变为政府干预模式。这一主张被当时的美国政府所采纳，是罗斯福新政的理论基础。自此，西方发达国家纷纷走上了干预经济之路，尽管不同国家在不同时期的干预程度有所不同，但政府在推进本国经济发展中的作用越来越不可或缺。

（2）产业

产业自身的发展规律、产业内企业的竞争格局以及本产业与相关支持产业的联系都会对品牌竞争力产生重要的影响。一般而言，产业组织规模代表着企业的品牌竞争实力，并通过产业集中度来反映。产业集中度是市场上某种产业最大的几个企业的生产量或要素投入量在整个产业要素指标中所占的比例。产业集中度越高，企业规模越大，其产品的品牌竞争力越强；产业集中度越低，企业规模越小，其产品的品牌竞争力越弱。

2. 内部来源

品牌竞争力的内部来源是指在酒店市场上，由酒店自身内部系统所形成或创造的与竞争对手之间的能力差异。酒店品牌竞争力的内部来源是根本性因素，是决定品牌竞争力形成的主要变量，它包括直接来源和间接来源两方面。

（1）品牌竞争力的直接来源

酒店品牌竞争力体现的是品牌在市场竞争中的比较关系，尤其是在产品、价格、分销渠道、促销与传播等方面比竞争对手所具有的差异化能力。这种差异化能力是在市场竞争中最能直接表现出来的能力，是一种显性的能力，是品牌市场属性在竞争中的表现。

①产品：产品通过产品质量、品牌质量和服务来体现品牌竞争力的差异。产品质量是建立信誉的前提，是品牌质量的基础。品牌质量是产品本身的质量和消费者心中感受到的质量的统一体，提高品牌质量也就是要把提高产品质量与提高品牌体现的质量（消费者心中感受到的质量）有机结合起来。

②价格：价格是影响消费者选择品牌产品的重要因素。由于商品存在的价格需求弹性系数有所不同，相同的品牌产品在同一市场上，在其他因素相同的条件下，价格较低就具有较高的竞争力。因此，不同品牌产品在同一市场上的销售价格高低，是品牌竞争力差异的又一个重要来源。

③分销渠道：分销渠道是联系生产者与消费者的桥梁。稳定高效的分销渠道既可以及时地将品牌产品销售出去、提高品牌的市场覆盖面、扩大品牌的市场占有率，又可以敏锐地捕捉市场信息和反馈消费者意见。

④品牌传播：品牌传播的内容包括品牌定位、品牌识别和品牌形象，其目的是提高品牌的知名度和美誉度，使品牌的独特个性和良好形象定格固化在消费者心目中，通过个性凸显品牌的差异性。

（2）品牌竞争力的间接来源

酒店品牌竞争力的间接来源主要包括企业制度、企业管理、技术、人力资本和企业家、创新、企业文化等。这些因素共同作用于企业运作系统，形成品牌竞争力的间接来源。

①企业制度：企业制度主要指企业的产权制度、组织制度以及领导制度等。健全的企业制度能够有效地激励和控制企业的经营行为，保障股东和企业的利益实现最大化。酒店可以通过建立所有权与产权相分离的企业产权制度、完善以公司制为主的企

业组织制度以及规范以法人治理结构为主的企业领导制度来增加收益,助推酒店品牌竞争力的形成。

②企业管理:企业管理通常包括全面质量管理、精益生产管理、技术管理、人事管理和文化管理等。科学的企业管理可以有效提高生产率、降低生产成本、提升产品质量、促进新产品开发和技术更新、增大产品的差异化程度等。

③技术:技术是企业运作系统的核心要素,品牌竞争力所体现出来的产品成本优势、质量优势和差异优势,其实都是技术优势的集中反映。世界上任何一个具有较强竞争优势的品牌大都是在技术上保持绝对优势的,如奔驰、华为、联想等。

④人力资本和企业家:企业的成长依赖于人力的推动。人力资本是指体现在劳动者身上的,通过资本的投资转化,表现为劳动者的素质和其技术知识、工作能力的转化,它是经济和企业运营的复合要素。企业家是整个企业资源的主体,是品牌竞争优势的创新要素。国内外很多知名品牌的背后都有杰出的企业家,如华住集团的季琦、海尔集团的张瑞敏、华为公司的任正非、苹果公司的乔布斯、奔驰公司的戴姆乐等。企业家是驾驭企业外部环境和企业组织间变化的舵手,在企业外部环境复杂多变的情况下,企业家的能力显得格外重要。

⑤企业文化:企业文化同样也是品牌竞争力的重要内部来源之一。企业文化是企业的品牌价值,是凝聚人心的关键,企业没有文化就没有软实力,也就很难在市场上创造出自己的品牌。

任务拓展训练

疫情防控常态化阶段,酒店如何提升自身竞争力?

尽管暴发的新冠肺炎疫情对酒店行业造成很大冲击,但是各酒店集团产品更新的脚步并未放缓。在应对市场的挑战中,酒店管理者开始意识到,在扩大品牌影响力和市场占有率的同时,做优品质、提升服务更是核心竞争力。毕竟,想要吸引投资者和加盟商的目光,就必须拿出能够赚钱的产品。

例如,洲际酒店集团就善用高端品牌的优势来扩大辐射范围,洲际酒店集团大中华区首席营销官王蘭说:"从2018年voco品牌诞生开始,我们就在中国做前期市场调研,考虑是否将该品牌引入中国,以及如何将品牌落地,我们发现,中国25岁至35岁的客人既喜欢连锁品牌的服务品质,又喜欢独立酒店的独特调性。"在疫情防控常态化阶段集团秉承"因地制宜"的理念，在2020年6月将voco品牌引入中国。集团是将关注的焦点放在了通过符合国民消费趋势的品牌力量和调性赋予酒店资产更多增值可能。

事实上，疫情常态后防控期间为继续保持或者提升自己的竞争力，许多酒店集团都进行了产品的升级与改造，你还能举出两例吗？

第三节 品牌个性

任务描述

记住了一个人的样貌，可能就记住了这个人。但要和一个人成为朋友，则可能要通过相处，看两个人的个性是否相合。同样的，如果一个品牌拥有了某种个性，而这种个性又符合了广大消费者的个性需求，那么它就更容易让消费者接受它、认可它、喜欢它，并长期选择它。知名广告大师大卫·奥格威就曾经说过："最终决定品牌市场地位的是品牌总体上的性格，而不是品牌之间微不足道的差异。"[1] 不同品牌之间的差异化因素是多种多样的，但个性才是其中最主要的一个因素。

任务目标

- 理解品牌个性的定义
- 掌握品牌个性的塑造

---

[1] 丛珩. 经典广告创意理论在新媒体环境下的延伸[J]. 当代传播，2012（6）：81–83.

> 任务资讯

一、品牌个性的定义

品牌实务专家林恩·阿普绍认为，品牌个性是每个品牌向外展示的个性，是品牌带给生活的东西，也是品牌与现在和将来的消费者相联系的纽带。它具有魅力，能与消费者和潜在的消费者进行情感的交流[1]。国外学者 Aaker 将品牌个性定义为"与品牌特定使用者相关联的人类特性集合"，并根据西方人格理论的"大五"模型，将品牌个性分为真挚、刺激、胜任、精致和坚固等五种类别[2]。国内学者黄胜兵和卢泰宏（2005）在 Aaker 对品牌个性定义的基础上开展了中国品牌个性的本土化研究，他们用中国词汇构建了中国品牌个性的模型，主要包括"仁、智、勇、乐、雅"五个要素。[3]

塑造品牌个性，使消费者快速认知，进而激发联想认同，最后忠诚于品牌，是品牌管理的终极目标。有的品牌具有鲜明的个性特征，接触一次就能让消费者终生难忘，而有的品牌平淡无奇，转瞬就会被消费者遗忘。品牌的个性特征是品牌象征性特质的体现，如其象征着时尚还是传统、活泼还是刻板，体现了高社会地位还是低社会地位等。归根结底，品牌个性就是拟人化，就是要符合人的个性，如果某一酒店品牌的个性能够与酒店广大的消费群体相契合，那么它的性格越符合它的细分市场人群，其所能获取的客人也就会越多。

> 酒店资讯

洲际酒店集团推出 2 个个性新品牌

---

[1] ［美］林恩·阿普绍. 塑造品牌特征：市场竞争中通向成功的策略［M］. 北京：清华大学出版社，2014.
[2] Aaker J.Dimensions of brand personality［J］. Journal of Marketing Research，1997，34（3）：347-356.
[3] 黄胜兵，卢泰宏. 品牌个性维度的本土化研究［J］. 南开管理评论，2006（1）：4-9.

二、品牌个性的塑造

酒店品牌个性的塑造不仅仅是为品牌量身打造某种性格或形象，更多的是要通过市场定位、消费者期望以及推广营销等一系列手段来培养个性，持续地进行投资与管理，使之逐步地独树一帜并保持稳定。

1. 了解品牌定位与目标客群的期望

消费者选择品牌实际上就是看该品牌的定位和个性是否符合本人的品位与个性。这就好比两个人交朋友，只要性格相合就可以迅速成为好友，而性格相悖、"三观"不和则只能是"道不同不相为谋"了。因此，酒店品牌个性的营造不仅仅是要凸显品牌自身的核心价值，更要注重与目标宾客的个性和期望相一致。

2. 融合消费者理想，打造积极的人格化形象

酒店品牌的个性符合目标宾客的个性与期望的同时，还要主动融合他们的普遍"理想"，传递正能量。通俗来说，就是要让品牌个性尽量帮助消费者做"理想中的自己"。无论是高贵、快乐，还是突破、极致，都是人们所向往的美好状态。酒店就是要在装修装饰、细节设计、活动组织以及产品服务等方面体现积极的、正面的人格化形象，满足消费者的消费心理，实现他们心中的那份美好。

3. 与消费者建立情感联系，营造归属感

酒店品牌既要体现个性，也要富有人性。酒店可以通过品牌故事文化、线上线下互动交流、品牌内容输出等方式，让品牌更具有人性和温度。充满感情色彩的酒店品牌更易引发消费者的情感共鸣，更易与消费者在精神层面建立联系，使消费者产生强烈的依赖感和归属感。

4. 通过营销传播让消费者"认识"品牌个性

拥有再优秀品牌个性的酒店要想最大化地保持消费群体的稳定，也必须紧紧依靠各种传播渠道和营销平台来加大营销推广力度。围绕酒店品牌个性，来设计宣传形象、活动、形式等，有针对性地向目标群体传播品牌个性的魅力，以获得更多消费者的好感和认同。

▌任务拓展训练

节日情感共鸣，城市便捷酒店如何用一个漂流瓶引众人"上头"？

酒店要与消费者建立情感联系，就是从消费者的情感需求出发，引发消费者心灵

上的共鸣。其所创造的感受与共识，不仅能够沉淀出品牌的影响力，呈现酒店品牌的个性，也是保持基业稳定增长的重要因素。因为只有情感需求才是永远的刚需，也是消费决策的底色。

被疫情偷走的三年，让能不能回家过年成为每个人最关注的话题。过年就该回家团聚，这是中国人内心根深蒂固的关于年的期盼。离家在外打拼一年甚至多年，对家乡、亲人、朋友们的思念与日俱增，而春运回家过年，就是难得的情绪抒发机会。当疫情阻碍了很多人回家过年的计划，人们要怎样隔空传递这份思念、过个好年？东呈集团旗下的城市便捷酒店的答案是用漂流瓶传递想念。

请你查阅这次活动的相关信息，写出你从中获得的启示。

第四节　品牌体验

任务描述

品牌体验是消费者对某一品牌的消费经历和感受。当前，消费者越来越注重品牌体验，品牌表面上看起来只是企业产品和服务的标志，但从深层次上来讲则是人们心理和精神层面诉求的诠释。因此，越来越多的酒店开始注重这种个性化、互动的营销方式——品牌体验。

任务目标

- 理解品牌体验的五种类型
- 掌握基于体验营销的酒店品牌建设策略

任务资讯

一、品牌体验的五种类型

哥伦比亚大学商学院教授伯恩德·H.施密特在其《体验式营销》中将体验分为感官、情感、思考、行动、关系五种类型。

1. 感官体验

感官体验是通过消费者的视觉、听觉、嗅觉、味觉、触觉等感官来感受某一品牌的产品。酒店企业通过一定的产品服务对消费者的视觉、听觉、嗅觉、味觉、触觉形成刺激，为消费者提供愉悦、兴奋和满足等感受。

2. 情感体验

情感体验是指消费者入住某一酒店、使用某一产品后，自身的情感是否会发生变化以及会发生怎样的变化，是开心、舒服，还是郁闷、不适。情感体验侧重于调动消费者在消费过程中的情感及情绪，不管是温馨浪漫的甜美心情还是奔放骄傲的强烈情绪。

3. 思考体验

思考体验是指消费者在酒店消费之后，酒店的产品或服务能否激发消费者的联想并想到其他方面的一些事情。思考体验是一种侧重于用创意的方式使消费者获得认知和解决问题的体验方式。思考体验利用消费者的求知心理，满足他们对未知世界的探索和对新知识的获取，并感到身心愉悦。

4. 行动体验

行动体验是指消费者在某个酒店的消费经历能够让消费者日后采取什么样的行动，或者说能够对消费者的生活方式产生什么样的影响。比如说，主动向身边人宣传体验过的酒店品牌、积极参加酒店组织策划的相关活动、习惯把该品牌的酒店作为自己长期的消费酒店等。

5. 关系体验

关系体验是指酒店借由品牌所营造出来的社会与文化环境来与消费者产生关联、进行互动，使消费者有不一样的体验，从而对酒店的生产经营带来积极的影响，消费者甚至会把本品牌酒店作为自己社会活动的一个重要节点，不经意间可能充当了品牌营销者的角色。

二、基于体验营销的酒店品牌建设策略

1. 依托特色产品体验，扩展酒店品牌知名度

酒店产品包括有形产品和无形服务。消费者在酒店完成体验消费之后，在内心里会对本次消费形成一种感觉，这种感觉的好坏将直接影响到酒店品牌在消费者心中的总体印象，也决定着消费者下次是否还会选择本酒店品牌。因此，在酒店有形产品大同小异的情况下，能够体现酒店用心之处的无形服务可能更容易给消费者留下深刻的印象。

例如，大多酒店品牌有属于自己酒店的"小怪物"，又称为酒店的吉祥物。

瑞吉酒店的吉祥物是小熊，但是瑞吉的小熊则热衷于在不同城市分号"换装"。比如，香港瑞吉酒店的小熊装束，是一身灰色正装，成都瑞吉酒店是管家熊，青岛瑞吉酒店则是船长熊。而在别名为"星城"的长沙，长沙瑞吉酒店则另辟蹊径，不再以常见的小熊为吉祥物，而是采用了一只名为"满哥"的黑猩猩管家。对于这个有趣又可爱的酒店吉祥物，消费者大多十分喜爱，并带回家送给家人或朋友作纪念。[①]

从上面这个案例可以看出，瑞吉酒店虽然只是准备了一件普通的玩具，但正是这个用心的细节会让消费者的消费经历多一份温馨美好的感觉。消费者在日后应该也会和身边人来分享这段消费经历，并向他们推介瑞吉酒店。

2. 强化消费者互动体验，塑造酒店良好品牌形象

消费者的消费需求日趋多元，其关注点也不再仅仅停留在酒店产品本身，酒店的各种延伸服务及个性化举措更易引起消费者的消费兴趣。因此，酒店在做好产品推广的同时，要推出消费体验类的服务项目，加强与消费者之间的互动，通过特定产品触发消费者内心对酒店品牌的美好感受，进而达到塑造酒店良好品牌形象的目的。

---

① 酒店里的"小怪物" http://news.sohu.com/a/503311768_120924137

酒店资讯

维也纳酒店818主角体验季中的营销奥秘

3. 借助文化体验营销，树立酒店品牌个性

追求有个性的酒店品牌，是当下广大消费者在生活方式、消费理念和价值取向等方面的潜在需要。随着酒店业的发展，酒店应突破传统模式和固化思维，运用新颖的、有创意的且有效的方式方法打造品牌的鲜明个性，并与消费者在心理上达成高度一致和广泛共识。文化体验营销就是一种比较典型的思路和方法，当前的很多酒店都加大了文化体验营销的力度，以此来体现品牌的个性。

例如，瑞豪国际酒店作为西北首家以欧陆风情为主题的五星级酒店，在文化营销上做了一些文章，其文化建设应该说已经走在了乌鲁木齐五星级酒店的前列。酒店在文化体验营销方面有以下几个亮点[①]：

一是编撰了《瑞豪人》特刊，在乌鲁木齐打响了"瑞豪人"品牌。瑞豪酒店从《文化理念篇》《品牌特色篇》《经营之道篇》《服务意识篇》《人本管理篇》对瑞豪的文化、特色、品牌、服务、管理以及员工风采进行全面总结和展示，精美的《瑞豪人》特刊，增强了酒店全体员工的荣誉感和自豪感，宣传和提升了瑞豪形象，赢得了良好赞誉和评价。

二是成功运作《瑞豪大讲堂》项目。通过与著名培训机构进行广泛合作，酒店的国际会议中心场地在闲置时期充分利用，推出了非常富有影响力的《瑞豪大讲堂》，邀请国内一线培训大师来酒店开办论坛，给酒店创造了良好的社会效益和经济效益。

三是抓好酒店网络平台建设，使酒店拥有永不关闭的宣传和销售平台。瑞豪网站采用最新技术开发了良好的网上预订系统，以及在线宣传视频和全景浏览，同时建立

---

① 用文化营销打造酒店核心竞争力 https://www.meadin.com/

了酒店自己的新疆攻略指引和网上博客，拥有了新疆酒店业的第一博，使最新型的舆论及宣传工具为酒店所用。目前酒店网站的访问量突破千人/天，已达到甚至超过一个小型政府网站的访问规模，成为酒店永不关闭的文化营销平台。

4. 做好内部管理，提升消费者对品牌的忠诚度

在消费者体验酒店产品的过程中，所有的体验服务和保障工作都是由酒店员工来完成的。因此，酒店必须强化内部管理，在消费者到酒店来消费体验之前，应该先让酒店员工知道应该给消费者什么样的体验、提供消费体验的意义以及如何让消费者在体验中获得满足。只有切实站在消费者需求的角度，建立健全体验营销管理，努力提供与消费者内心需求相符的特色产品和服务，才能提升消费者对品牌的忠诚度和满意度。

5. 完善体验营销运营系统，提升酒店品牌满意度

酒店要想使消费者能够长期保持对本酒店品牌的满意度，除了依托特色服务、强化内部管理等举措之外，还必须要有科学完善的体验营销运营系统。通过整合内外部资源，始终坚持以满足消费者需求为服务导向，逐步完善自身的体验营销运营体系，不断提升消费者对酒店品牌的满意度。

6. 分析消费需求，推进体验营销而形成酒店品牌特色

不同消费者对同一酒店产品的消费需求、个性偏好以及体验感受等大都存在巨大的差异。酒店应经常性地开展广泛的市场调研，及时准确地掌握当前广大消费者的消费需求，分析不同年龄段的消费者的个性偏好，有针对性地推出不同层次的产品及服务。通过打造令消费者满意的品牌体验过程，推动形成酒店品牌特色，进而赢得忠于自身酒店品牌的消费群体。

任务拓展训练

酒店如何利用五感这一消费刺激推手？

所罗门在其著作《消费者行为学》讲道："这是感官营销的新时代，一个特别注重感官影响产品体验的时代。"而作为生活载体的酒店，是感官营销的最佳阵地。在本土品牌中，维也纳酒店就做到了融合多重感官体验，赋能品牌增值。请你扫描左方二维码查看维也纳酒店在五感营销中的做法。

在学习维也纳酒店经验后,你可以总结出哪些设计感官体验的经验呢?

项目思考题

1. 请根据自己的理解阐述酒店品牌竞争力的内涵。
2. 酒店应该如何提升品牌竞争力?
3. 酒店应该如何塑造品牌个性?
4. 品牌体验有哪几种类型?

任务拓展训练答案集锦

任务一　　　　任务二　　　　任务三　　　　任务四

项目拓展训练

多元酒店品牌

一、上海艾迪逊酒店

艾迪逊是精品酒店先驱 Ian Schrager 打造的高端时尚酒店品牌,英文名为 EDITION,主打"新一代奢华"的乐享态度,主要坐落于纽约、伦敦、上海、三亚等风格城市。这个以极简的设计、低调的个性为主要风格的品牌,正是这种不张扬却有内涵的气质俘获了众多消费者以及艺术家、设计师的心。

上海艾迪逊有什么特色,又具有怎么的个性,它为何如此受这些大都市的青睐?本书就以上海艾迪逊酒店为例来为大家揭晓答案。

上海艾迪逊酒店于 2019 年 7 月 31 日盛大开幕,和伦敦、纽约的一样,上海的艾迪逊酒店也是由老建筑翻新改造而来,改的是位于外滩老建筑区的华东电力大楼,和大楼连为整体的是181号上海优秀历史建筑——始于1931年的电力大楼。

酒店公共空间设计既向旧时代的优雅气质致敬，也流露出对传统英式乡村庄园或伦敦私人绅士俱乐部风格的喜好。上海艾迪逊酒店还邀请了如恩设计研究室操刀设计，整个设计风格简约低调又不失奢华，还完美地将上海传统文化元素融入酒店中。所以这个酒店非常受偏好文艺、偏好时尚的年轻人的喜爱。

上海艾迪逊酒店坐落于南京东路口，靠近河南路，步行5分钟至外滩。酒店由两幢别具一格的建筑组成，共145间客房，10层的公众空间包含总面积约265平方米的五间会议室和两个接待区域。餐饮设施包括位于27楼的特色日餐厅，带有五间独立包间的港式粤餐厅，一个全日制餐厅，三个酒廊及酒吧，以及一个奢华酒吧俱乐部和两个顶层露台酒吧。可见艾迪逊这个品牌的客房量并不是很多，它主要是注重餐饮和娱乐的酒店品牌，个性非常鲜明，而它的设计风格也往往是非常独特，并没有传统的奢华酒店的风貌。[①]

在本章节我们分享到酒店品牌竞争力的一个重要的方面就是品牌个性，如果酒店品牌的个性鲜明，那么该酒店在细分市场中就会非常显眼，因为它能够得到这个细分市场消费者的全力支持，所以酒店的出租率会非常高，客房单价也会维持在一定的水准。

酒店的品牌个性能够带来一个非常忠实的客户市场，价值主张显得格外重要。介绍完一家极具个性的酒店品牌后，接下来再介绍一家极其注重品牌体验的酒店——丽思·卡尔顿酒店。

二、丽思·卡尔顿酒店[②]

丽思·卡尔顿是大家耳熟能详的一个高级酒店及度假村品牌，于1927年成立，它在奢华酒店界成就了相当的底气和足够的话语权。它一向被称为"全世界的屋顶"，尤其是它的座右铭"我们以绅士淑女的态度为绅士淑女们忠诚服务"更是在业界被传为经典。那么，究竟为什么那么多名流、贵族、精英、明星都如此钟爱丽思·卡尔顿酒店呢？丽思·卡尔顿酒店究竟有什么过人之处？或许我们可以从它的金牌标准——注重宾客的品牌体验中找到答案。

凯撒·里兹最初从经营巴黎丽思和伦敦卡尔顿这两家酒店开始，着眼于客户的体

---

① 上海艾迪逊酒店官网 http://edition-hotels.cn/shanghai

② 丽思·卡尔顿酒店官网 https://www.marriott.com.cn/search/findHotels.mi?dclid=CP_k3Nid6_YCFYiB6QUd8VoL_Q

验，创造富丽堂皇的环境、富有创意的酒店设计风格、毫不松懈近乎苛刻的质量要求，创建了奢华的金牌标准和卓越服务的点金之律。因为关注细节，着眼于操作创新，力图打造传奇的客户体验，波士顿丽思·卡尔顿成为美国运作最佳的丽思酒店品牌。波士顿丽思·卡尔顿为客户提供身着标准制服的服务生、私人的独立洗浴间和供客户会面用的个人休息区，这些都成为当时（1923年）美国奢华酒店的标志。质量恒久远：以高效流程实现质量最优。

丽思·卡尔顿酒店为了让每一个入住的宾客获得独特的体验，向酒店员工提出了以下提供服务时的执行要点：

·有时候，简简单单的一瓶水就能给人带来难忘的会议，特别是将它体贴地递给一个口渴的人手里。

·惊喜始于提供难能可贵的服务，基于对形成文化作出承诺，最终靠创造力成为现实。

·虽然向客户致以温暖的欢迎很容易传达，但是真正让客户感到如坐春风的酒店，却如凤毛麟角般稀少。

·持续谨慎而积极的团队沟通和对顾客个性化的专注也将持续为公司带来终生难忘的忠实客户。

·用艺术化的专注态度工作，为客户维护私人空间，将会帮助你满足客户的愿望，就像乐于奉献的父母会根据孩子的偏好，给他们带来惊喜和快乐一样。

·问题解决得越迅速、越彻底，也就越容易被忘记。

·当出现问题时，是不是公司的责任其实无关紧要，关键是公司对待问题的态度，科尔夫往往对主动解决问题的公司印象最好也最为深刻！

·尽管力求提供完美无瑕的服务，但是问题依然无法回避。

丽思·卡尔顿酒店如何打造传奇的客户体验，服务绝不仅仅是在枕头上放一块巧克力那么简单，其成功的秘诀还有待大家继续挖掘。

思考题：

1. 在艾迪逊酒店的启示下，思考如何去塑造酒店的品牌个性。
2. 丽思·卡尔顿酒店给予了宾客哪些具体的品牌体验？你获得了什么启示？

项目实训

认知酒店品牌个性

【实训内容】

1. 查阅相关资料，了解认识自己所在省份的不同档次与类型的酒店品牌个性，并进行归纳总结。

2. 结合本章节的学习内容与所了解的已有酒店品牌，设计并展示自创酒店的品牌个性。

【实训成果】

1. 汇总并写出所收集的各个不同档次、不同类型的酒店品牌个性。

2. 以小组为单位介绍自创酒店的品牌个性，可采用PPT汇报或视频展示的形式。

【实训计划】

1. 确定组内角色及分工

组长：_____   任务：_____

组员1：_____   任务：_____

组员2：_____   任务：_____

组员3：_____   任务：_____

2. 查阅资料，归纳整理

（1）你们组主要是了解了哪些酒店品牌？

（2）这一地域的酒店品牌的个性主要有哪些？

3. 完成文稿，并上传至线上学习平台

（1）自创酒店品牌个性介绍文稿

（2）自创酒店品牌个性介绍PPT

项目笔记

_____
_____
_____
_____
_____
_____
_____
_____

项目评价

活动	评分标准	自我评价	小组评价	教师评价
任务拓展训练（20分）	任务一拓展训练，答对全部记5分			
	任务二拓展训练，答对全部记5分			
	任务三拓展训练，答对全部记5分			
	任务四拓展训练，答对全部记5分			
项目完成过程（40分）	能正确理解任务资讯的相关内容（5分）			
	能获取相关行业、酒店资讯（5分）			
	通过小组讨论与自学，利用信息化教学资源、互联网等完成活页（5分）			
	认真思考，积极动手、动脑（5分）			
	能很好地展示活动成果（10分）			
	积极参与小组合作与交流，配合默契，互帮互助（10分）			
实训作品效果（40分）	文稿美观，要素完整（10分）			
	表达流畅清晰（10分）			
	文稿内容无专业错误，客观真实（10分）			
	整体效果（10分）			
合计				

续表

活动	评分标准	自我评价	小组评价	教师评价
自我评价与总结				
教师点评				

第八章
品牌之树的施肥提升

每一个酒店企业都希望自己的"品牌之树"能够生长得枝繁叶茂，除了前期的种植培育之外，后期的施肥养护也是必不可少的。在不同的生长阶段，不同植物对肥料养分的需求是不一样的，不同的肥料养分所起到的效果也是不同的。因此，准确了解酒店"品牌之树"在不同阶段所需的肥料养分并对症下药，大力提升酒店品牌的内在品质，确保酒店品牌的勃勃生机。

项目导航

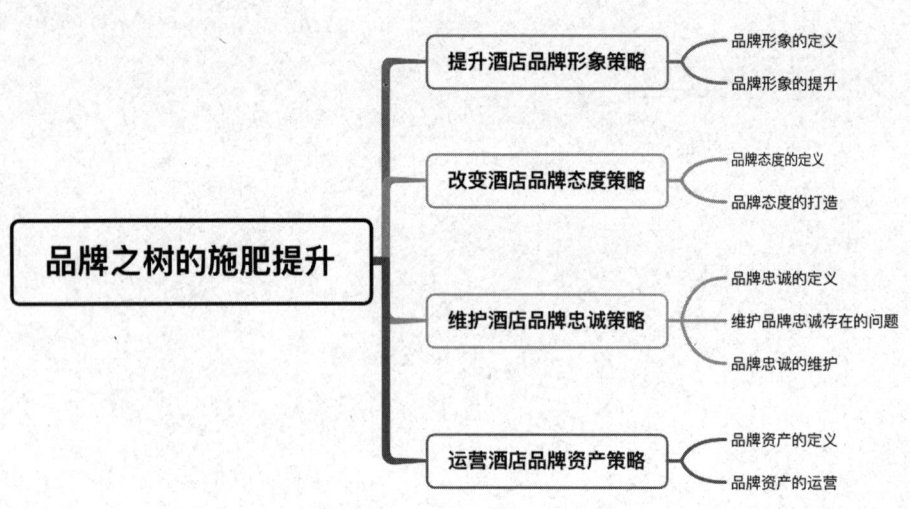

项目目标

知识目标：

①了解酒店品牌形象、品牌态度、品牌忠诚、品牌资产的定义

②理解品牌形象、品牌态度、品牌忠诚、品牌资产对于酒店的重要意义

③掌握酒店品牌提升的策略

实践目标：

①能基于对酒店品牌提升的相关知识与基础理论的理解，发现本土酒店品牌在品牌提升方面所存在的问题

②能够迁移本章节的知识，结合本土酒店品牌所存在的问题进行反思

行业资讯

企业营销的一切出发点，从建立"品牌资产"开始

近些年来，每每临近中秋佳节，月饼市场的争夺战就悄然上演了。老品牌、新品牌，传统品牌、网红品牌在线上线下竞相比拼，馅料大同小异，包装五花八门。有的月饼依靠自身的良好品质和独特个性，渐渐打出了自己的品牌。比如，湖南长沙的月饼品牌"巢娭毑"，每年只在八九月份售卖两个月，而且只在线下依靠一个小小门店进行销售，20多年以来，每年都是顾客如潮，堪称传奇。广西南宁的南园月饼，依托南园食品餐饮有限公司，经过30余年的历史积淀和技术积累，也发展成为在南宁乃至广西地区具有一定影响力的品牌。这几年，越来越多的知名酒店也开始涉足月饼领域，以自身酒店品牌来命名和销售月饼。从了解的情况看，酒店的月饼大多都依托大型企事业单位、学校等进行销售，个体消费者购买酒店月饼的占比很小，毕竟酒店销售的月饼价格相对还是比较高的。

月饼市场鱼龙混杂，月饼价格也有云泥之别，而能够多年稳固占领市场地位的，还是那些注重品牌形象和品牌管理的月饼品牌。以广西本地月饼品牌好友缘为例，好友缘月饼紧紧依托好友缘这一南宁高端酒店品牌，不断丰富自己的品牌元素以加深市场印象。同时，不断开拓新的市场，把爱马仕橙作为月饼的品牌色彩并率先抢占南宁地标——会展中心。在品牌定位上，好友缘月饼推出了一系列不同价格的月饼，以最大限度地满足不同客户群体的需求。在品牌口号上，好友缘月饼参考好友缘酒店"请

贵客，到好友缘"的营销口号，打出了"买月饼，选好友缘"的口号，简单直接，容易入脑入心。时至今日，好友缘酒店在当地的酒店市场内已经算不上佼佼者了，但好友缘月饼通过长期的品牌打造和积累，依然是当地月饼市场的热门品牌。

好友缘月饼的案例，也印证了品牌资产的建设与积累是品牌长久发展最行之有效的特效药方。除了品牌资产策略，还有什么方法可以提升与维护品牌呢？[①]

[①] 企业营销的一切出发点，从建立"品牌资产"开始https://mp.weixin.qq.com/s/7o8g5mhg7EVT8YjEe9XyIA

第一节　提升酒店品牌形象策略

▍任务描述

对于大部分理性消费者来说，他们只会买自己非常想要和极度需要的酒店产品。因此，酒店经营管理者要想使消费者保持对本酒店品牌的忠诚度，必须重视酒店品牌形象的塑造，这样才能提升品牌影响力，也才能使酒店品牌走得更远。

▍任务目标

- 理解酒店品牌形象的定义
- 明晰酒店品牌形象提升的要点
- 掌握品牌形象提升四大要素的特点

▍任务资讯

一、品牌形象的定义

品牌形象是顾客对品牌所有联想的集合体，是品牌在顾客记忆中的图景的反映。酒店品牌形象是指宾客在酒店企业消费的过程中通过对酒店品牌属性和员工素质、企业品牌文化、品牌认知与态度、品牌名称、包装、品牌设计等的体验所产生的酒店总体品牌印象，并体现出酒店主动地感受和理解宾客的情感需求，创造出恰当的品牌诉求为宾客提供利益。

为什么商旅人士出行往往会优先考虑连锁品牌酒店？这是因为连锁品牌不仅仅是同一个名字，更是一种可以预见的标准和服务承诺。同一连锁品牌的酒店即使所在的地区不同，也都会有着符合酒店品牌定位的价格以及统一标准的服务。这种相对稳定的品牌印象，会成为顾客选择时的重要判断依据。在顾客对酒店品牌有了一定的认知后，往往会根据对该品牌的信任程度去选择是否入住。因此，当宾客需要在短时间内选择一家干净舒适的酒店时，往往首选连锁品牌酒店。

二、品牌形象的提升

酒店品牌要想在宾客心中占据一席之地,就必须刻画好自己的品牌形象,明晰自身的品牌定位,同时瞄准既定的发展目标,用减法思维去专注提升核心竞争优势,努力用这个核心竞争优势去成为宾客心目中的首选项。

比如,汉庭强调"爱干净,住汉庭",经济出行又想住得干净、舒适,那么汉庭一定是首选;桔子酒店要做"另类五星级",其"暗黑系"装修风格顺应年轻人的潮流审美,张扬不羁个性;美居酒店则是让"法式优雅"体现在每个角落,浪漫宜人的普罗旺斯香氛,丰盛可口的法式早餐甜品让顾客不出国门也能体会到实实在在的法国风情。

细节决定成败。酒店的每一个细节都是品牌形象的体现,每一位员工都是品牌形象的宣传者。酒店可以从味觉、嗅觉、视觉、听觉这四大要素入手,通过方方面面的细节,来提升品牌形象,提供细致入微的入住体验。

1. 味觉

味觉不单单指顾客在酒店品尝美食时舌尖上的味道,还包括酒店的理念、文化以及用餐环境等与美食融合之后所产生的那种美好的"味觉",就好像把一块德芙巧克力放入口中的时候,那种香浓的口感让你记住的不仅是"德芙"这个品牌,更是德芙传达给大众的一种"丝滑"的企业理念和形象。

酒店资讯

太湖华邑酒店:太湖边最具中国风的酒店

2. 嗅觉

当人们遇到熟悉的、喜欢的气味时，往往会倍感亲切和舒适。酒店可以打造一款本酒店品牌的专属香氛，在酒店的主要场所营造适度且到位的香氛环境，使宾客在呼吸之间注意到、喜欢上这种香味，并留下难忘的嗅觉记忆。专属香氛就成了一张无形的酒店品牌名片，宾客记住了香氛就会记住酒店的品牌，便会闻香而来，一来再来。

▎酒店资讯

香格里拉酒店：闻香识酒店

3. 视觉

视觉是最影响宾客对酒店印象的一个因素。酒店的建筑风格、品牌标志、装修装饰、卫生条件等都会对宾客产生直观的、强烈的视觉冲击。因此，酒店要高度重视宾客的视觉感受在提升酒店品牌形象中的重要作用，努力打造既符合酒店理念和品牌文化，又令广大宾客赏心悦目的硬软件系统，使宾客所见即所喜。

▎酒店资讯

传统元素，现代表达

4. 听觉

俗话说"眼观六路，耳听八方"，宾客在酒店的消费体验过程中，听觉一直在起着非常重要的作用。酒店各个场所的背景音乐、声响或者噪声都会对宾客的听觉体验产生影响。不同主题的酒店，市场定位和品牌个性都不相同，提供的听觉体验也势必都不一样。每个酒店都应根据自身品牌的个性和文化来提供符合酒店"形象和气质"的歌曲、纯音乐甚至是鸟语虫鸣声，使宾客在消费过程中得到放松、释放和满足。

▎酒店资讯

听音识酒店，那些酒店专属的背景音乐

另外，酒店的电梯提示音、客房电话的铃声、服务员的语音等也都会触动宾客的听觉神经，并给宾客留下或好或坏的听觉体验。经常性地对宾客的听觉进行刺激，也是给宾客对酒店留下深刻印象的一个比较有效的方式。比如，全家便利店的员工会对每一位进店的顾客说一句"欢迎光临全家"，三只松鼠的线下门店会在结账时对顾客说"主人，欢迎下次再来看松鼠"等，实际上也就是通过强化消费者的听觉记忆，使广大消费者记住自己的品牌。

▎任务拓展训练

分析自创酒店品牌形象提升策略

立足本小组创设的酒店品牌，请分别从味觉、嗅觉、视觉、听觉四个方面针对性提出一些品牌形象提升策略。

1. 酒店品牌：_____

2. 味觉：_____

3. 嗅觉：_____

4. 视觉：＿＿＿＿＿＿＿＿＿＿＿＿＿＿＿＿＿＿＿＿＿＿＿＿＿＿＿＿
5. 听觉：＿＿＿＿＿＿＿＿＿＿＿＿＿＿＿＿＿＿＿＿＿＿＿＿＿＿＿＿

第二节　改变酒店品牌态度策略

任务描述

　　成功的品牌能让消费者认为他们的产品比起竞争对手要好很多，他们是怎么做到的？其实聪明的品牌不会开始就营销自己的"产品"，而是会完全"以客户为中心"确立品牌的"态度"。一旦这些"态度"被清晰界定，品牌可以继续推进，围绕着客户的"态度"来打造它的产品。客户不是冲着"产品"掏钱，而是品牌的"态度"使他们成为"粉丝"，而且客户还有着更高的品牌忠诚度。因此，酒店应采取消费者喜闻乐见的品牌态度为广大消费者提供优质产品和贴心服务，使消费者对自身品牌产生好感，并愿意与自身品牌产生长期联系。

任务目标

- 了解品牌态度的定义
- 理解酒店品牌态度的价值
- 掌握打造品牌态度的策略

任务资讯

一、品牌态度的定义

　　品牌态度有两个方面的含义：一方面是指酒店对待消费者的态度或者说消费者在酒店消费体验时所感知到的酒店的态度；另一方面是指消费者对待酒店的态度，比如说是否会经常选择该酒店品牌、在酒店消费后是否满意等。消费者一般只会购买符合自身形象的品牌产品，并通过经常性地购买来表达自己对该品牌的认可态度。实际上，只要酒店对待消费者的态度以及酒店品牌态度符合消费者的需求和口味，消费者对酒店品牌的态度应该也不会差。

乔布斯曾说，不要问消费者想要什么，一个企业的目标就是去创造那些消费者需要但无法形容和表达的需求。有态度的酒店产品，也应该不局限于满足消费者吃、住等功能层面的需求，还应该带给消费者更多情感层面的满足。

酒店资讯

锋·态度酒店：生活要看态度，年轻不论岁数

看得出来，锋酒店是一家有"态度"的酒店，也有着有"态度"的产品，并最终凭借"态度"在同行业中脱颖而出。当然，无论是"有态度"的品牌内核，还是"有态度"的产品理念，都是抽象化与概念化的，如果想让消费者真正认可和接受，则需要用更加具体的营销动作来强化品牌营销，才能在消费者心目中真正留下"有态度"的认知点和记忆点。

二、品牌态度的打造

1. 紧跟热门话题，积极表达品牌观点

一个有态度的酒店品牌，也要懂得借势营销，借势营销能够帮助酒店品牌在表达自我态度的同时实现增收。因此，酒店经营者需要有敏锐的洞察力，能够及时抓住热点，借助外部事物的热度来传播酒店品牌的态度。比如，酒店可以利用节假日、店庆日等特殊时间节点来开展有针对性的营销活动。母亲节，酒店就可以开展以"关爱母亲"为主题的活动，既满足消费者尊老爱老的情感诉求，也表达了酒店品牌重视人文关怀的态度。

| 酒店资讯 |

速 8 酒店：酒店借势营销"神话"

2. 打造品牌 IP 形象，提升品牌魅力值

  脱口秀节目《罗辑思维》的主讲人罗振宇说过，"魅力，是互联网世界中的稀缺物资。打造自媒体，就是打造自己的人格魅力体"。一个有态度的人，一般都具有一定的人格魅力。一个有态度的品牌，也需要有一个彰显品牌魅力的具象符号，而 IP 形象无疑是当下最好的选择。一个酒店品牌有了让消费者觉得亲近的 IP 形象，那么酒店在输出品牌态度时，就更容易被人接受，也可以让品牌个性更加鲜明，并延展品牌的更多可能性，形成流量经济。

  以"玩酷"价值观为核心，iu 酒店打造了一只爱玩游戏爱吐槽的"u 兔"作为 IP 形象。u 兔作为 iu 的形象代表，与街电、百合网、味 BACK 等多个品牌进行跨界合作，知名度已经超出了 iu 粉丝圈层，扩散到了更多爱玩的年轻人中间。u 兔形象衍生玩偶、T 恤、零钱包等周边产品也为品牌贡献了可观的营收数据。①

u 兔衍生产品

---

  ① 专访 iu 酒店：年轻人喜欢的"轻中端"酒店，是什么样子？https://www.huanqiu.com/

3. 借助跨界联名营销，让品牌态度更有价值

一个真正"有态度"的品牌，必然蕴藏着巨大的传播价值和营销价值，不仅会受到消费者的青睐，而且会成为其他品牌争相"联姻"的"万人迷"。两个品牌建立跨界联系，看似毫不相干，但并不是随便选择的，二者之间存在竞争性的同时，往往有着更大的互补性。跨界联名之后，二者会发生奇特的化学反应，产生双赢的效果。对致力于打造不同生活方式且以用户体验为重心的酒店来说，跨界联名可以给酒店品牌带来独自发展所无法达到的品牌立体感和纵深感。

酒店资讯

酒店圈的联名，是不是一门好生意？

任务拓展训练

跨界联名营销，打造品牌新态度

立足本小组创设的酒店品牌，选择一个跨界品牌，尝试打造一次品牌跨界营销活动。

1. 联名品牌：_____
2. 选择原因：_____
3. 活动名称：_____
4. 活动内容：_____

第三节　维护酒店品牌忠诚策略

▌任务描述

不管人们现在身处何地，身边的酒店都是鳞次栉比，人们常常为该选择哪家酒店而大伤脑筋。如果某一酒店品牌长期凭借优质的服务和优秀的产品来给消费者提供美好的体验和情感的链接的话，那么体验过的消费者肯定会建立起对该品牌极高的忠诚度。

▌任务目标

· 了解品牌忠诚的定义
· 理解维护品牌忠诚的问题
· 掌握维护品牌忠诚的策略

▌任务资讯

一、品牌忠诚的定义

1908年，美国哲学家、哈佛大学哲学系教授乔西亚·罗伊斯在《忠的哲学》一书中指出："忠诚自有一个等级体系，也分档次类别：处于底层的是对个体的忠诚，而后是对团体，而位于顶端的是对一系列价值和原则的全身心奉献。"当"忠诚"被引入营销研究之后，营销专家和学者便赋予了它更丰富的内涵。

"品牌忠诚"是品牌通过提供功能利益或情感利益来满足顾客的需求，从而在品牌和顾客之间建立可持续关系的能力。酒店用"品牌忠诚度"作为衡量这种能力强弱的指标，并以此来检验消费者对自身酒店品牌忠诚与否以及程度如何。如果消费者对某一酒店品牌产品有长期的、重复的购买行为，那就证明消费者对该酒店品牌产品的忠诚度还是很高的。

某研究报告曾根据所谓的"酒店忠诚度计划"，总结了四类住客：第一类是传播者（Broadcaster），这类客人习惯于在不同的酒店品牌之中进行筛选与体验，而且一般还会与身边人来分享自己的消费体验，无论这种体验如何；第二类是热情追随者（Enthusiast），这类客人是酒店品牌的追随者，他们或认为出众的服务、优质的设施最重要，或认为新颖有趣的功能最重要，但一般会忠诚于他们评价高的品牌；第三类是懒人忠诚者（Lazy Loyal），这类客人通常没有互动，不习惯到处比较，甚至入住前不去关注酒店的点评，但往往忠于酒店品牌；第四类是寻找者（Seeker），这类客人喜欢到处比较，寻找最大价值的东西，且对品牌没有多少归属感，多半会根据价格或促销活动而选择某家酒店品牌。

二、维护品牌忠诚存在的问题

酒店顾客的"品牌忠诚度"非常重要，忠诚的顾客是酒店忠实的"宣传者"，他们能够让更多的人知道本酒店品牌，形成口碑效应。而且忠诚的顾客一般都是使用酒店的专用会员渠道来订房消费，酒店往往不需要支付预订平台佣金，这样就可以大大降低酒店的经营成本。

目前来看，酒店在维护品牌忠诚方面还存在以下问题。

1. 忽视对内部员工忠诚度的培养

酒店员工的流动性比较大，导致员工对酒店的忠诚度也相对较低。而较低的员工忠诚度对酒店的发展是十分不利的，会带来酒店服务质量难以保证、酒店人力资源成本居高不下、员工队伍管理难度加大等系列问题。

2. 缺乏持续性的服务提升策略

顾客的忠诚不会无缘无故地产生，顾客只有对酒店长期感到满意并对酒店产生较高的依赖感才有可能形成对酒店品牌的忠诚。因此，酒店若要构建顾客的忠诚度，那么就需要使顾客对酒店品牌保持较高的满意度。而提高满意度的唯一办法就是不断提升服务的品质，但部分酒店往往疏于把持续性地提升服务放到维护酒店品牌的首位，也缺乏相关的提升策略。

3. 忽略顾客的不满意

顾客至上的理念在部分酒店体现得并不十分明显。比如，有的酒店处理顾客投诉的效率比较低，甚至有的酒店就没有配备专门的工作人员来处理和解决顾客投诉。在这种情况下，顾客只能是满怀失望地离开酒店，而不是乘兴而来、满意而归。长此以往，顾客对酒店品牌便会逐渐丧失信任与忠诚，不论后期如何补救，也很难再次让顾客对酒店品牌建立起高度的忠诚。

三、品牌忠诚的维护

1. 培养员工的品牌忠诚度

生产型企业关键要有拳头产品，而酒店不仅要有拳头产品，更要有大量提供优质服务的员工。员工是酒店发展的人力保障，忠诚的员工是酒店持续发展的可靠力量。因此，酒店要关爱员工，努力提升员工的忠诚度，这样才能提高顾客的满意度，才能有助于酒店的长期持续发展。

酒店资讯

万豪国际酒店激励员工的制度

2. 打造品牌的知名度和美誉度

一是增加门店数量。门店数量在一定程度上反映了酒店的发展状况和综合实力。如家酒店、汉庭酒店、七天酒店等经济型酒店吸引并培养了大量优秀的加盟商，通过数量上的扩张和质量上的提升，使酒店的发展速度大幅提高，在国内的知名程度甚至比部分星级酒店还要高。门店数量增多，越来越多的顾客选择、认可酒店的产品，并会主动把酒店的品牌传播出去。二是加强与第三方网络公司的合作。当前，越来越多的顾客依托互联网来进行线上订房，相当方便快捷。酒店应与多种网站或程序开发商合作，在线上广泛发布酒店信息，有助于提高酒店的知名度。三是注重口碑营销。顾客一传十、十传百的口碑比王婆卖瓜式的自我推广更能吸引到新的顾客。酒店要着重提升服务产品的品质，尤其要注重细节的打造，如问候及服务顾客的方式方法、客房及餐厅大小物品的摆放等。

酒店资讯

丽思·卡尔顿酒店的底蕴：叫我把所有温柔留给你

3. 维护顾客的终身价值

酒店应积极帮助顾客实现在酒店消费体验时的个人价值，主动为顾客提供个性化服务、建立通畅的沟通联系，观察顾客的个人喜好并适时提供顾客感兴趣的信息。当酒店有新产品或者新服务问世时，应通过酒店网站或发布公告的形式告知新老顾客，并邀请广大宾客朋友前来体验。适当的时候，酒店还可以开展让利活动，让顾客享受到特惠服务。

万豪可以说拥有全球酒店业最大的忠诚度计划，万豪会在每个月的8号把大量的会员优惠直接送到会员面前，会员更可以用很低的价格买到更高的分数和保级。万豪的忠诚度计划聚合了万豪旗下全部30多个品牌，在各个细分市场把热爱生活和喜欢旅行的人联合在一起，让旅行不止于旅行。①

任务拓展训练

小试牛刀，维护酒店品牌忠诚

随着市场经济的快速发展，我国酒店行业的发展愈加迅猛，并随之产生了许多的优秀酒店，与此同时，酒店行业的市场竞争日益激烈，服务行业在较长一段时间内都认为营销的目的在于尽可能多地创造新顾客，但是随着近年来酒店行业的激烈竞争，顾客忠诚度逐渐成为酒店营销的重点，许多酒店已经将市场战略的重点转为顾客忠诚度的培养，这一任务逐渐成为跨文化管理酒店成功与否的关键内容，因此，必须将传统的酒店营销理念转变，采用先进、有效的营销手段将酒店自身的特征与个性体现出

---

① 万豪进军短租：结合酒店忠诚度建立竞争优势 http://www.hoteln.cn/

来，才能提高顾客的满意度，从而提高顾客对酒店的忠诚度。

请围绕本小组的酒店品牌，开展维护酒店品牌顾客忠诚的措施。

第四节　运营酒店品牌资产策略

任务描述

亨利·福特曾在他的自传中说："你可以没有资金，没有工厂，没有产品，甚至也可以没有人，但是你不能没有品牌，有品牌就有市场，当然也就会有其他。"当前，越来越多的酒店经营管理者开始高度重视品牌及品牌资产的重要性，大胆利用品牌等无形资产兼并、收购比自身规模还大的酒店，大幅提高了酒店的竞争力，从而实现了跨越式的发展。

任务目标

- 了解品牌资产的定义
- 理解品牌资产运营的要点

任务资讯

一、品牌资产的定义

1. 品牌资产的含义

从财务会计的视角来讲，品牌资产是一种具有巨大价值的可交易资产；从市场品牌力的视角来讲，品牌资产的财务价值只有在品牌收购或兼并时才能体现出来，而品牌资产在品牌自身的成长与扩张能力、延伸能力等方面是始终有体现的；从消费者的视角来讲，品牌资产是品牌能够给消费者带来怎样的利益。

2. 酒店品牌资产的含义

酒店品牌资产是指酒店营销者在完善酒店软、硬件环境，系统进行酒店品牌策划与传播的基础上，通过酒店品牌与宾客的互动沟通，使宾客对酒店形象和核心价值产生某种认同与情感共鸣而购买酒店品牌后所创造的附加值。酒店品牌资产包括酒店品牌受众的品牌感知价值和酒店品牌自身价值两大部分。

二、品牌资产的运营

酒店企业应该从运营端和资产端两个方向来运营酒店品牌资产，实现酒店收益的最大化。

1. 运营端："分解式赋能"

品牌创造价值。酒店品牌应以创造更多价值为落脚点，把创造价值的过程拆解成一个个节点，下大气力在每个节点上去寻求价值点，最终形成一条价值链。酒店市场的竞争日益加剧，各大酒店品牌都在运营端加大了工作力度，以求实现收益最大化、价值最大化。一方面，各大酒店品牌都在着眼会员数量和消费端客户需求来做大价值链的蛋糕。2019年，锦江WeHotel、华住会、万豪旅享家、希尔顿荣誉客会等酒店会员计划的数量规模均已突破1亿大关。各酒店品牌除了做好客房、餐饮等主业之外，有的还卖起了鞋帽箱包、咖啡饮料，尽可能地做大收益。另一方面，很多酒店品牌考虑到既有物理空间的有限性，都在积极开展产品升级，力求实现空间坪效最大化。

| 酒店资讯 |

全季酒店有个"客听":深受住客喜爱

与此同时,外部的相关产业也加大了与酒店品牌合作的力度,以创造共同价值。比如,继支付宝之后,微信支付也在酒店行业开启了应用,上海青浦万达美华酒店成为全球首家支持微信支付并免押金入住的酒店;拥有强大流量的"铁路12306"也新增了酒店预订功能。

2. 资产端:"一体化提效"

酒店要想提高品牌投资回报率,就必须着力做大"收益"这个分子、减小"投资成本"这个分母。那么,在运营端收益相对稳定的前提下,一体化就是一个减小酒店品牌投资成本这个分母的有效途径。

酒店品牌投资是一个集选址、设计研发、装修跟进、开业筹建、后期运营等多环节于一体的完整过程。长期以来,中国酒店的这个过程是割裂的、零散的。高星级酒店品牌的投资建设多属于开发商,管理一般交给国际酒店管理公司。中低端酒店品牌大多是采取租赁物业、半管理半特许的模式,如华住、铂涛、如家等本土管理公司的重心一般都放在运营管理上,对前期投资建设的参与并不多。还有很多投资人对酒店品牌早期投资抱有"坐等收钱"的态度,导致中国酒店业主在酒店品牌建设、管理等多个环节都缺乏一定的专业知识和管控能力。

酒店资讯

万达酒店轻资产：一体化服务树立行业标杆

"把一个螺丝钉固定在某个位置，这个简单的动作甚至都可以分解为：伸手，是一个动作；抓住，是一个动作；移动，是一个动作；放下，是一个动作。管理者通过把操作时间精确到秒使操作工人将这个动作做到快捷高效。"如果酒店管理者用这种精细化管理来运营酒店品牌，那么效果也将是非常惊人的。基于流程、标准和规模的一体化提效，可以优化酒店品牌前期的投资建设流程，大大降低和控制投资成本，从而提高酒店品牌投资的回报率。

综合体日益成为很多建设项目的首选，教育综合体、医养综合体都少不了住宿和餐饮等功能，酒店或将成为商业地产库存最多的项目。因此，酒店企业要树牢一体化思维，将酒店、长租公寓、办公、购物中心等多种业态有机融合在一起，从运营端和资产端来做好酒店品牌提升这篇文章。

任务拓展训练

资产减重，向轻而生

轻资产已成为酒店、地产行业的发展主旋律。无论酒店二字之前是否冠以地产的前缀，轻资产的商业模式已然成为行业发展的主流。放眼全球酒店行业，都经历过剥离旗下的酒店地产业务。因此，地产酒店实现轻资产转型，也是大势所趋。请你选择一个酒店品牌，结合酒店类型特征，分析其"轻资产"战略。

1. 酒店品牌：
2. 轻资产战略：

项目思考题

1. 品牌形象的四大要素是什么，分别具有哪些特征？
2. 品牌态度对于酒店经营的价值有哪些？
3. 后疫情时代，酒店应该如何维护顾客的品牌忠诚？
4. 酒店品牌资产的构成要素包括哪些？
5. 酒店品牌资产经营的内涵是什么？

任务拓展训练答案集锦

任务一　　　　　任务二　　　　　任务三　　　　　任务四

项目拓展训练

三亚艾迪逊的秘密

三亚，一直是大家心目中 TOP 理想度假地，这里不单单有阳光、沙滩、椰风、海韵，更是汇聚了全球奢华酒店品牌，面对激烈的市场竞争，为什么三亚艾迪逊能经常占领各大社交板块的头条位置呢？

三亚艾迪逊的灵感源自大海，犹如海南岛上新发现的一颗璀璨珍珠，繁茂青翠的热带植物环绕令人惊叹的私人海洋，客房尽享迷人海景。酒店位于海棠湾中心位置，往来景点的交通方便，知名的三亚免税店近在咫尺。郁郁葱葱的景致、迷人的碧浪白沙和全年的热带气候，充满着传奇色彩，是奢华度假、亲子旅游理想目的地之一。开业至今，已经吸引了不少娱乐、时尚圈儿的大咖、旅行达人。①

我们在本章第一节中提到，想要让顾客真正认识、记住酒店的品牌形象，还需要在更多细节上下功夫，酒店可以基于感官体系，从细节入手来提升酒店品牌形象。三亚艾迪逊就是这样一家极其注重细节的酒店。

---

① 三亚艾迪逊酒店于 12 月 9 日盛大开幕 https://www.meadin.com/

当车停在落客区的那一刻起，艾迪逊员工的服务态度就能让你倍感亲切。礼宾有专人引导穿过前厅来到前台，并且一路向你介绍酒店的基本情况，连拍照打卡的位置和时间都一并说了，甚是贴心。酒店入口的水景，以及竹林，早已成为住店客人打卡拍照的取景地。从视觉上来看，在各大酒店纷纷用"浓墨重彩"风格装点自己的时候，三亚艾迪逊酒店却在设计上做了减法。酒店的设计和建筑方面来自 SCDA，一个来自新加坡，于 1995 年成立的多领域建筑设计事务所。SCDA 追求空间，光线以及结构次序的宁静与和谐，设计灵感来自品牌 DNA 及当地气候人文地形等。漫步三亚艾迪逊酒店，处处可见纵横的线条和原木质感的框架，绿植花艺是酒店的灵魂，在硬朗的空间内增加了一份柔情。

三亚艾迪逊最具特色的就是那个面积达 20000 平方米的私人海洋了，别人家都只有泳池，它们家干脆自己造了一个海，四周椰林掩映，天然沙滩也被复制过来；你能想到的海上运动这里都可以实现，帆船、水上划板、皮划艇、水上自行车等统统搬进了这处私人海域。四周还设有大型海水泳池，"海中"畅游也别具一格。这附近还设有冥想森林、露天电影院、户外放映区、家庭活动区，以及配有吊床和篝火坑的沙滩休闲区，一体化休闲区就此落成。

三亚艾迪逊的主楼呈马蹄形，整体面向南海，所以每间客房都有无敌的海景视角，客房简约却充满设计感，经典的全海景风尚开间套房则是三亚艾迪逊客房的一大亮点，圆形床幔也成为这家酒店最不可磨灭的一大标志，这里没有复杂的背景墙设计，拉上帷幔形成一个私人空间后，除了能让客人有一种家的感觉之外，更平添了些许情调。另一个别具特色的设计就是它搭配了室内外两个巨大无比的浴缸，一个室内的圆浴缸摆放在卫浴区，和圆形床幔形成巧妙的呼应。另一个浴缸摆放在户外阳台上，宾客完全不用担心私密性，半遮挡式的设计，完全可以让你彻底放松身心。入住酒店始终是特别的时刻，宾客会在身体上和精神上有"离家"的感觉，同时又希望获得舒适、安心的"家里"的感受。为了实现 Ian Schrager "家外之家"的愿景，客房的洗护用品是由 Le Labo 为 EDITION 特别定制的全球首款无数字香型，Le Labo 为 EDITION 营造了红茶的味道，红茶是口感最为醇厚，历久弥香的茶，希望为宾客带来幸福舒适的感觉。客房内还有专门为儿童准备的洗护用品，放眼望去，客房里的物件都是精挑细选或是定制的。

商务酒店靠位置取胜，度假酒店则靠服务和餐饮留住客人。三亚艾迪逊酒店的餐厅和酒吧虽然数量不多，但绝对称得上是佼佼者。天鹜餐厅主打以牛扒为主的欧陆美食及美酒佳酿，开放式厨房的设计，在走廊里就可以看到厨师们忙碌的身影。餐厅的室内设计灵感来自豪华游艇，而且可以饱览私人海洋美景氛围，尤为浪漫。海滩烧烤餐厅位于沙滩之上，宾客可以悠闲自在地享受美食与美景，开放式烤架、星空下的篝火以及现场演奏的菲律宾乐队，会有种置身于东南亚的海岛错觉。极具仪式感的鲜海餐厅在内海一侧，住客可以免费在内海一侧乘船直接前往餐厅，如果选择包房用餐，会有漂浮于水上的错觉。酒店在12层楼顶还开设了一个屋顶泳池，而且是加热的恒温泳池，无论白天还是夜晚，都能拍出时尚大片。隔壁的星空吧，一度成为三亚的TOP酒吧，白天是悠闲惬意的池畔避风港，晚上则是魅力四射的时尚酒廊，这里成为酒店入夜后最炙手可热的地方。①

在前面的章节中，曾提到了酒店品牌忠诚度的重要性，而三亚艾迪逊酒店的回头客人非常多，而且口碑也非常好，其中一个重要的原因便是艾迪逊酒店相当重视亲子体验，孩子玩得开心了，作为父母当然就能放松身心。酒店的客房区域规划，集团的高级别会员和情侣客群集中在右侧区域；会议和团队的双床，集中在中间区域，更方便前往宴会厅；而亲子客群，安排在左侧区域，下楼就是亲子中心和游戏区域。室内儿童俱乐部可以提供儿童看护服务，也有绘画课程和各种游戏可供孩子选择；VR虚拟现实体验以及迷你高尔夫则适合全家出动一起玩；乐园火车则在餐厅和儿童乐园之间往返，非常受孩子欢迎。将亲子客群，巧妙地集中在固定的区域，是一家优秀的度假酒店最该有的表现。

三亚艾迪逊的业主方还在酒店内开设了美术馆，名字叫作即空间（Just Space），总面积超过900平方米，用来举办各种常设和临时的艺术展。相比以艺术为噱头的酒店，艾迪逊倒是实实在在地在酒店开起了艺术馆，这也充分体现了这家酒店的态度与个性。知名雕刻家蔡志松的铅质雕刻作品《玫瑰·卷轴》同样出现在了艺术馆里，在前台也有同款作品。目前该美术馆正在升级为生活美学社区，预计于2021年第二、三季度开放。

三亚艾迪逊的独特之处还在于它的别墅区域，长期霸屏万豪App的封面首页。目前酒店有11栋别墅房型，酒店别墅只能单独直接预订，拥有24小时独立管家服务，可以电瓶车接送至酒店任何区域，客房部管家每天都会仔细询问顾客的所有需求和喜好。三亚艾迪逊别墅的设计理念推崇的是人与自然的和谐相处，别墅外墙的设计是一

---

① 八大洲旅游资讯：三亚艾迪逊，怎么拍都美！https://www.badazhou.com/

个浅灰色的方正盒子，然而进入打开盒子的入口大门后，肉眼可见最多的部分，就是透明玻璃，整个别墅房间仿佛裸露于大自然中，然而又被艾迪逊茂密的园林树木遮挡得严严实实，最令人惊喜的是全透明的淋浴间设计，仿佛自己是在热带雨林中裸浴，但是整个别墅的私密性又是极好的。

艾迪逊酒店创始人 Ian Schrager 的酒店哲学是："酒店不仅仅是一个下榻地，更是一个社交集聚场所，一个融合商业、工作、生活和娱乐的交会地。"从我们的介绍中，就可以看出三亚艾迪逊充分融合了他的设计理念。

思考题：从三亚艾迪逊中你获得了哪些关于酒店品牌提升的启示呢？

三亚艾迪逊酒店推文链接

项目实训

酒店品牌提升设计

【实训内容】

1. 查阅相关资料，了解本土酒店在品牌提升方面存在的问题，并归纳总结。
2. 在市场调研的基础上，根据本土酒店企业存在的问题，提出改进策略。

【实训成果】

1. 汇总并写出本土酒店企业在品牌提升方面所存在的共性问题。
2. 以小组为单位分享共同探讨的本土酒店品牌提升策略，可采用 PPT、报告书等形式。

【实训计划】

1. 确定组内角色及分工

组长：_____   任务：_____

组员1：_____   任务：_____

组员2：_____   任务：_____

组员3：_____   任务：_____

2.查阅资料，归纳整理

（1）你们组选取本土酒店品牌是哪一个？选择的原因是什么？

（2）总结归纳案例酒店品牌提升存在的问题。

（3）分析案例酒店品牌提升的有效措施。

3.完成调研报告书，并上传至线上学习平台

（1）调研总结的报告书

（2）小组制作汇报PPT

项目笔记

项目评价

活动	评分标准	自我评价	小组评价	教师评价
任务拓展训练（20分）	任务一拓展训练，答对全部记5分			
	任务二拓展训练，答对全部记5分			
	任务三拓展训练，答对全部记5分			
	任务四拓展训练，答对全部记5分			
项目完成过程（40分）	能正确理解任务资讯的相关内容（5分）			
	能获取相关行业、酒店资讯（5分）			
	通过小组讨论与自学，利用信息化教学资源、互联网等完成活页（5分）			
	认真思考，积极动手、动脑（5分）			
	能很好地展示活动成果（10分）			
	积极参与小组合作与交流，配合默契，互帮互助（10分）			
实训作品效果（40分）	文稿美观，要素完整（10分）			
	表达流畅清晰（10分）			
	文稿内容无专业错误，客观真实（10分）			
	整体效果（10分）			
合计				
自我评价与总结				
教师点评				

第九章 品牌之树的长青维护

"三分种植,七分养护。"要使栽种的苗木能够成活、生长并长成参天大树,除了修枝造型、喷药施肥之外,培育者还必须根据不同苗木的习性特点和生长规律,并结合当地的自然条件和生态环境对苗木进行细心养护。作为酒店管理者,也必须重视对品牌之树的管理维护,严密防范"病虫灾害",适时修剪"枯枝杂叶",才能确保酒店品牌之树平稳度过危机、健康茁壮成长。

项目导航

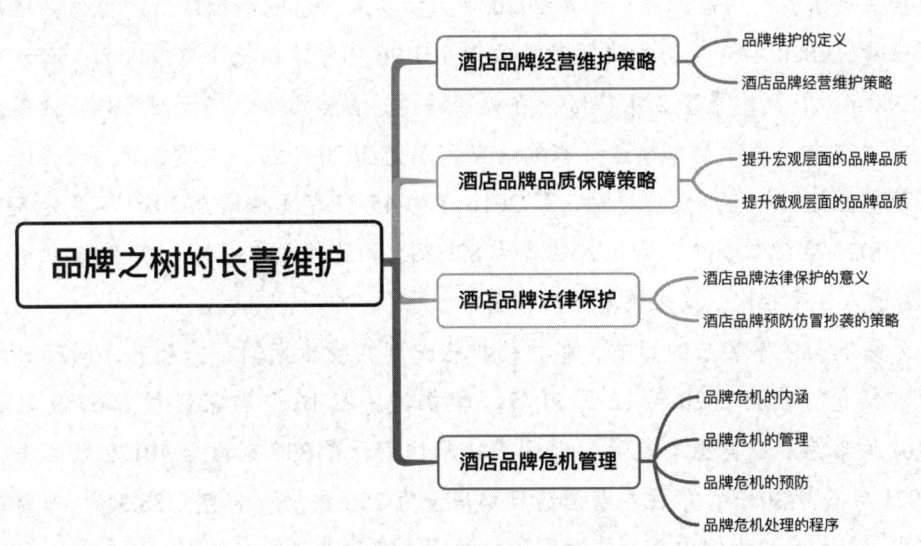

项目目标

知识目标：
①了解品牌维护的定义及意义
②掌握酒店品牌经营维护的策略
③理解酒店品牌危机的内涵
④识别酒店品牌侵权纠纷类型

实践目标：
①能基于对酒店品牌维护的理解，对所熟悉的酒店品牌进行品牌维护分析
②能够迁移本章节的知识，结合知名酒店集团的品牌维护管理进行反思

行业资讯

北京时间2021年8月24日晚，多品牌酒店集团华住集团发布了2021年第二季度财报。该季度，华住营业收入同比增长83.7%至人民币36亿元，低于先前公布的营收指引中增长87%~89%的预期。在财报发布的前不久，华住旗下全季酒店身陷"赤裸男闯女客房间"舆论事件，被指拖累华住集团品牌口碑下坠。如今，营收预期未达标，再加上国际化进程和酒店同业竞争的加剧，华住又要面临新的挑战了。

华住集团面对的最大危机，是2020年突如其来的新冠肺炎疫情。根据以往财报数据来看，2020年全年华住集团营业收入101.96亿元，同比下降9.06%；归母净亏损21.92亿元，同比暴跌224.47%。在锦江酒店、首旅酒店、华天酒店和华住集团四大上市酒店中，华住是亏损最厉害的一家，单是2020年第一季度就巨亏了21.35亿元。而华住集团的年度负债总额，从2016年的45.77亿元猛增至2020年度的537.23亿元。2021年第二季度，华住入住率为82.3%，同比增长13.5%；但与2019年同期86.9%的入住率相比，尚未恢复至疫情前的水平。

为降低入住率带来的影响，华住的扩张速度在疫情期间不降反升，同时日均房价也在提价。截至2020年12月31日，华住集团在16个国家经营着6789家酒店652162间客房。这意味着在半年时间内，华住新开了337家酒店40122家客房。截至2021年6月30日，华住在营酒店日均房价为255元，同比增长38.3%。即便在逆势扩张、日均房价大幅上涨的情况下，华住的业绩改善仍然有限。

在华住集团急速扩张的背后，网曝的华住旗下全季酒店"赤裸男闯女客房间"风

波,则暴露出了华住的综合管理漏洞。华美酒店顾问机构首席知识官赵焕焱曾经说过,酒店集团的发展,要注意中端品牌加盟商的数量和质量平衡。据了解,华住旗下的酒店有三种不同经营模式:租赁及自有、特许经营以及公司根据管理合同经营的特许经营酒店(管理加盟)。截至2020年,特许经营模式和管理加盟经营的酒店在华住占比接近九成。加盟商的服务水平和管理能力,都参差不齐。虽然华住在渠道、管理、经营等方面可对特许经营店进行管控,但其旗下酒店中,仍然屡屡曝出"卫生门""安全门"等问题。

全季酒店"夜闯门"事件引起舆论发酵后,许多消费者在网上讲述了自己入住其他华住系酒店的惊魂经历。2018年8月,华住旗下酒店2.4亿条开房记录疑似在暗网上泄露,并明码标价出售。虽然事后查明犯罪嫌疑人并非华住内部员工,而是黑客行为,但该事件还是掀起了一波用户们对华住的"信任危机"。

通过上述案例不难发现,华住集团在极速对外扩张下,酒店的服务品质没有得到有效保障,导致酒店集团陷入疫情与服务品质等多重危机之下,酒店经营效益遭受极大损失。①

思考:通过华住酒店面临的品牌危机,你得到了哪些启示呢?

---

① 新浪网 https://finance.sina.com.cn

第一节　酒店品牌经营维护策略

▎任务描述

比尔·盖茨曾说："成功的企业之所以成功，是因为他们的行为是长期并富有远见的。"前文讲到，品牌并非是一成不变的，品牌的塑造和维护是一项长期的、持续的系统工程。如果酒店管理者缺乏科学严密的管控和维护手段，那么再好的品牌形象也会在消费者心目中坍塌。那些拥有百年历史的经典酒店品牌，也是依靠在经营发展过程中形成的一套品牌经营维护体系，才得以确保酒店品牌保持常青不败的。因此，酒店管理者应始终将品牌经营维护贯穿于酒店发展的全过程，以保证酒店品牌始终具有绵绵不息的生命力。

▎任务目标

· 理解品牌维护的定义
· 掌握酒店品牌经营维护策略

▎任务资讯

一、品牌维护的定义

品牌维护是指企业针对外部环境的变化给品牌带来的影响所进行的维护品牌形象、保持品牌市场地位的一系列活动的总称。品牌维护分为经营维护、法律维护和品牌更新三个方面。

在经营过程中，酒店管理者要对品牌进行必要的检测，保持品牌与消费者的密切沟通，对品牌要素进行适时的更新以适应市场的变化并防止品牌的老化。同时，注意从法律层面上对品牌进行保护，防止商标等品牌要素在未开发市场特别是国际市场上被抢注，确保品牌运营的合法性、合规性和可持续性。

二、酒店品牌经营维护策略

1. 坚持质量为王,确保产品服务品质

卓越的酒店品牌大都是依靠过硬的产品和服务质量才成就出来的。酒店经营者要维护好自身品牌,就必须紧紧围绕宾客在酒店的吃喝住用来狠抓产品和服务质量,确保宾客吃得放心、喝得顺心、住得舒心、用得安心。

酒店资讯

美菜与开元酒店集团达成战略合作,打造采购新模式为行业赋能

2. 注意服务细节,做到细致周到紧密

宾客到酒店消费是一个吃喝拉撒睡的全过程体验,酒店在任何一个环节出了纰漏,都会给宾客的整体体验造成影响,最终影响到酒店品牌在宾客心中的整体形象。因此,酒店一定要努力确保从宾客预订到来店消费到离店的各个环节都细致周到、衔接紧密,不能因为一句不及时的问候、一个不到位的微笑等细节而影响到整个酒店品牌在宾客心中的形象。

3. 注重个性服务,因人而异量体裁衣

酒店的服务对象千差万别,消费喜好各有不同,这就要求酒店在提供统一规范服务的基础上,一定要注意个体差异,有针对性地提供好个性化、差异化的服务。这种个性化、差异化服务不是指"看人下菜碟"。规范化服务是基础,是确保酒店服务"物有所值",而个性化服务是关键,是确保宾客感觉"物超所值"。

4. 科学组织营销,获得更多市场认同

整合营销(MIC)的观点认为,营销应该先忘记产品,从需求出发设计产品;应该先忘记价格,考虑宾客愿为获得产品和服务付出的金钱成本、时间成本;应该先忘

记渠道，首先应该考虑带给宾客购买上的便捷性；应该先忘记促销，以沟通为主轴与消费者进行"心灵对话"。因此，酒店应在设计好产品、制定好价格、注重便捷性以及强化互动的基础上，加大营销力度，提高营销技巧，以获得更多市场认同，提升品牌知名度。

5. 寻求三方合作，实现互利合作共赢

部分国际酒店管理集团进入中国后，往往会积极寻找中方的合作代理，以投资方加盟的模式来完成自身品牌在中国的战略布局，这种品牌和管理系统的输出让国际酒店管理集团的布局更广、速度更快、利润更高。中国的酒店品牌也可以学习借鉴这种模式，积极开展第三方合作，只引入品牌、管理系统和管理队伍，以"他山之石"用来"攻玉"，通过互利合作实现双赢或多赢。

6. 健全管理系统，强化科学有效管理

具备条件的酒店应单独成立品牌管理部门并配备品牌管理经理，也可与质检或营销部门合署办公，由酒店总经理或分管副总负责品牌的统筹维护。酒店应编制品牌规划，确定品牌打造目标、方法步骤、品牌名称、品牌标志、品牌定位、品牌内涵、品牌特色等。酒店要注重培植品牌文化，使品牌经营和品牌管理成为所有酒店员工的共识和自觉自愿的行动。酒店还要通过市场调研动态了解品牌现状，分析自身的品牌竞争力，找出品牌建设过程中存在的问题，剖析问题原因，找到破解之法。

7. 加强宾客维系，口口相传自身品牌

对于宾客而言，酒店品牌既是一个符号、一个象征，更是一个承诺、一种互信，认牌消费能大大降低消费体验风险。酒店应多方位了解和掌握宾客对酒店品牌识别的相关信息，努力改进酒店产品、酒店服务，改善酒店环境，使酒店品牌更具吸引力和影响力，使酒店品牌更加闪亮，使一般宾客成为酒店的常客，使常客成为酒店品牌的传播者，并通过一传十、十传百来为酒店带来更多宾客。

任务拓展训练

维系宾客的秘诀之一——巧妙处理宾客投诉

酒店日常服务工作中，或多或少都要面临一些棘手的客户投诉，有些投诉来自酒店设备及周边环境的"先天不足，无可避免"；有的则是服务过程中一些不经意的"小摩擦"导致的。面对客诉，处理得当，不仅能及时化解危机，更有机会让客人看

到酒店执行力,为酒店带来好评,起到维系酒店宾客、维护酒店品牌的作用。请你思考,作为酒店员工,在面临宾客投诉时应该采取什么行动?

第二节 酒店品牌品质保障策略

任务描述

酒店品牌是产品品质的外在表现,是"秀外";品质是品牌的生存之本,是"慧中"。品牌由"品"和"牌"两个字构成,"品"可以理解为品质、品位,是立牌的基础,没有品质保障的酒店品牌犹如一座沙雕,禁不起风吹雨打。酒店只有稳步提升产品和服务的品质,才能铸就具有长久源动力的成功品牌。

任务目标

·掌握提升宏观层面的品牌品质策略
·掌握提升微观层面的品牌品质策略

任务资讯

一、提升宏观层面的品牌品质

酒店品牌的宏观品质是由酒店的品德、品格和品位构成的,是酒店"DNA"的综合体现。酒店品牌品质的提升可以从以下三个方面着手。

1. 培养高尚的酒店品德

酒店品德是指酒店在价值观念、服务理念、发展愿景等要素基础上所具有的社会责任感、企业精神等内在情感。酒店品德犹如跳动的心脏,其速度、频率、强弱能够反映出人体心理、生理活动的变化。酒店是否具有强烈的内在情感,决定着酒店是否具备强大的人文关怀能力、战略决策能力等，从而对酒店的品质产生影响。越来越多的酒店管理者开始将酒店品德作为品牌战略规划之一，这不仅能帮助酒店保持良好的品牌形象，提升消费者对品牌的忠诚度，而且会促使员工更加积极地投入到工作中。

酒店资讯

全面助力战"疫" 胜高酒店集团积极履行社会责任

胜高酒店集团在面对灾难时所表现出来的战略决策能力、人文关怀和社会责任感能够充分反映出酒店品德，能够帮助酒店品牌赢得较好口碑。

2. 塑造独特的酒店品格

酒店品格是通过酒店提供的服务而使酒店在审美性、艺术性、品质性的基础上带给顾客的一种独特感受和价值体验。这种能够持续性引发顾客情感共鸣的性格特质，就是顾客常说的酒店"味道"。在同质化竞争的市场里面，塑造独特的酒店品格非常重要，因为消费者在与酒店建立联系时，往往会把酒店的品格作为衡量酒店好坏的一个首要目标。品牌的品格如果符合消费者的期望品格，那么消费者就会对该酒店品牌产生一定的偏好。

3. 营造别致的酒店品位

酒店品位是指酒店通过有形的空间格调和无形的服务活动所体现出来的一种美学追求。酒店空间格调不仅体现在酒店建筑造型、空间分隔、流线组织、装修材质、设施设备档次等专业化设计层面，还体现在色彩搭配、灯光音响、艺术陈设、绿植选配等人性化的细节考量。每个细节所体现出来的美学价值能够反映出一家酒店的精神追求和情感意识，这也是能够带给顾客深刻记忆的关键节点。

二、提升微观层面的品牌品质

微观层面的品牌品质主要是指酒店的产品和服务品质。

一方面，要牢固树立质量意识。酒店品牌的成功经验和失败教训无不说明产品和服务质量的重要性。酒店产品和服务质量是酒店品牌品质的根本所在，是酒店可持续经营的生命线，也是酒店品牌竞争力的主要来源。质量不合格的酒店产品和服务势必得不到宾客的认可与信任，严重损害宾客利益或社会利益的产品和服务，经营者还会受到法律的惩处。"100-1=0"这个公式对于酒店来说，100就是酒店的品牌，1就是产品和服务质量，产品和服务质量上不去，品牌品质就无从谈起了。正因如此，知名品牌酒店的经营者大都十分重视产品和服务质量，注重以质量树立形象、以质量赢得市场，向宾客提供高质量的产品和规范化服务的同时，还向宾客提供个性产品和个性服务、超值产品和超值服务。同时，酒店经营者还应大力培植酒店的品牌文化和质量文化，强化全体员工的质量观念。

另一方面，要对标对表行业标准。不同国家地区的、不同类型的酒店可以选择适合本国、本地区酒店业的质量标准和服务规范。中国内地的酒店一般以星级作为等级标志，一星至五星代表着最低到最高的等级。当然，五星级酒店并不意味着其酒店品牌一定就享有较高的知名度和美誉度，一星级酒店也并不一定就代表着品牌的低知名度和美誉度，一些不参评星级的酒店的品牌知名度也很高。作为酒店来讲，努力创造条件来申报星级，既能倒逼自身不断提升经营管理水平和产品服务质量，又能通过申报来提高酒店品牌品质。酒店应主动对照相关行业标准，建立符合自身实际的实施办法和细则，健全全员质量保证体系（TQM）。

任务拓展训练

7天酒店"品质进化"部署

一个品牌想要在竞争中杀出重围，必然要有自己的撒手锏。在以往来看，7天酒店的品牌标签就是性价比。在三线至六线城市中，7天酒店因为实惠为自己赢得一大批忠实的客群。但是面对如今新型市场环境，性价比似乎没那么"香"了。于是乎，寻找7天酒店新的品牌标签就变得至关重要。在7天品牌总裁蒲青山看来，在新一轮竞争中7天的品牌标签应该归纳成为"品质"，尤其是要重点部署"品质进化"。

7天酒店的目标客群始终是以年轻人为主，打造符合年轻人审美和需求的住宿产品便成为一个主要的方向着力点。对此,7天酒店在品质的部署上进行了多项转变。请你查阅相关资料,了解7天酒店"品质进化"部署的具体举措。

第三节 酒店品牌法律保护

任务描述

从法律层面来讲,品牌是酒店产品外部标识所代表的特殊权益,是一种知识产权和无形财产。因此,酒店一定要做好自身品牌的法律保护工作,切实保障自身的合法权益不受侵害。

任务目标

- 了解酒店品牌法律保护的意义
- 掌握酒店品牌预防仿冒抄袭的策略

任务资讯

一、酒店品牌法律保护的意义

酒店是服务型行业,与一般的行业和企业不同,酒店企业的产品和服务都比较趋同,彼此很容易复制模仿,酒店品牌更是参差不齐、鱼龙混杂。如同康师傅与康帅傅、蓝月亮与蓝月壳一样,市面上很多知名的经济型酒店也饱受被抄袭和模仿的苦恼,山寨品牌比比皆是。7天酒店之后,就有了"新7天酒店";如家酒店之后,有了"好如家酒店""如家快捷宾馆"。这些简单粗暴的抄袭行为,令正牌的酒店形象大打折扣。

因此,各种类型的酒店都应该树立品牌保护意识,采取多种措施,运用法律武器,加强品牌保护,防止自身品牌被冒用、盗用,避免产生不良影响。品牌保护有利于防止自身的产品和服务被仿冒甚至被超越,有利于防止仿冒品牌出现质量问题而连累自身品牌,有利于防止消费者对自身酒店品牌产生信任危机而影响酒店的生产经营和持续发展。

二、酒店品牌预防仿冒抄袭的策略

1. 主动防御,抢先注册相似商标

酒店商标是用来区别一个酒店品牌、产品、服务与其他酒店品牌、产品、服务的标记,包括文字、图形、字母、数字、三维标志、颜色组合和声音等。目前,我国主要通行"注册在先"惯例,凡是先期经过注册的酒店商标,其他酒店都不能再注册。商标一经注册,便有了专属性,只有拥有这一商标的酒店才可以使用,其他任何酒店都不能擅自使用。如果冒用盗用,就违反了《商标法》有关规定。

为防止自家的酒店品牌被其他酒店以相似的商标进行注册,酒店可主动作为、加强防御,一次性注册多个近似、相似的商标,其中一个作为正式商用,其他的用作防御,防止被其他酒店或竞争者恶意侵犯。华住集团就为旗下品牌申请并注册了大量的商标,涵盖了数十个类别,尽最大可能来保护自身品牌。据媒体报道,阿里巴巴商标在注册之初,就一同注册了阿里妈妈、阿里爷爷、阿里宝宝等商标;小米在注册之初,也同步注册了红米、黑米、绿米、黄米等商标。

2. 双管齐下,登记版权加强防护

"商标版权化"是一种更加保险的策略,它是指在商标注册之前,把版权登记作为前置程序,先对商标进行版权登记。版权登记后的商标在注册后遭到侵害,只需要出示版权登记证书,权利人就可以证明自己享有著作权,便会得到法院或有关部门的认可,使自己的商标得到更为全面的保护。"商标版权化"的现实意义在于,版权作为第一证据,能有效证明商标的时效性。创意图案,只有达到驰名商标的程度,才能防止被其他类别抢注。但有版权的保护,法院、商标局、商标评审委员会均可以撤销他人恶意抢注的商标。商标+版权双重保护使得自身酒店商标被侵害的可能性大大降低。

3. 有效期满,注意延长商标期限

《商标法》规定,注册商标有效期为十年,需要继续使用的,应当在期满前六个月内申请续展注册。酒店经营管理者要实时关注商标的有效期,有效期满后,可以选择变更、转让或续展注册。注册商标需要续展注册应当向商标局提交商标续展注册申

请书。商标局核准商标注册续展申请的，发给相应证明并予以公告。

4. 转让输出，发挥商标经济效益

有的酒店品牌在做大做强之后，为了持续扩大品牌的市场影响力并提高收益，会适当地输出商标使用权，相当于人们常说的特许经营。输出商标使用权时，特许人与受许人要签订合同，特许人应监督受许人依法依规使用其注册商标。对于已经注册但未实际使用的商标，酒店可以通过转让的方式来获得部分收益。转让方和受让方应签订转让协议，受让方应主动维护好商标形象，保证产品和服务质量，避免转让方的品牌品质因受让方的不当操作而受损。

5. 有法必依，切实维护品牌权益

假冒品牌等侵权行为严重损害知名酒店品牌的市场形象和合法权益，容易动摇固有宾客对自身酒店品牌的信心，严重时甚至还会出现品牌危机。因此，酒店经营管理者一定要树立依法维权的意识，积极学法、深入知法、正确用法。当市场出现假冒品牌时，酒店应及时收集相关证据，并向工商部门举报，必要时可向法院起诉，切实维护好自身酒店品牌。

2017年，铂涛集团旗下的酒店品牌——希岸酒店遭到了严重抄袭，抄袭者甚至将山寨酒店开到了同一幢大楼。希岸酒店的CEO陆斯云通过微信公众号发布了一篇《致酒店人》的声明以及一组"为原创发声"的海报。紧接着，铂涛集团以及旗下7天、iu等酒店品牌也纷纷通过官方渠道来发表声明、发布海报进行"声援"。此次希岸酒店勇敢地向品牌侵权说"不"，打响了我国酒店业品牌的保护战。①

■ **酒店资讯**

酒店业为原创品牌发声 缘何首发者来自铂涛?

---

① Shallen 的斯房话，《致抄袭者》https://mp.weixin.qq.com/s/rIpwqY-KEQnXRU-zPXIoSQ

> **任务拓展训练**

酒店的知识产权保护

酒店行业作为旅游业的龙头支柱,要想在这个产品与服务趋于同质化的市场上立于不败之地,还是走可持续发展的道路更为靠谱。而具有知识产权性质的品牌,作为一种软实力,在提升酒店行业市场竞争力方面毫无疑问作用越来越重要,也越来越值得业内人士重视和思考。

请你思考酒店可以从哪些方面进行知识产权保护?

第四节 酒店品牌危机管理

> **任务描述**

品牌危机管理是企业品牌管理中不可忽视的重要一环。品牌在成长的过程中,随时会因为企业内部或外部市场的某个意外事件而出现或大或小的危机,如果危机没有得到及时处理或者处理不善,品牌之树可能因此而衰败枯死。因此,作为酒店来讲,也要注意防范危机发生,注重危机管理,完善应对措施。

> **任务目标**

- 了解品牌危机的内涵
- 理解品牌危机管理的原则
- 掌握品牌危机的预防措施
- 掌握品牌危机处理的程序

> 任务资讯

一、品牌危机的内涵

1. 品牌危机的定义

品牌危机一般是由于企业自身、竞争对手、顾客或其他外部环境等因素的突变，造成品牌运营或营销管理的失常，导致品牌乃至企业整体形象和信誉受损、社会公众对品牌和企业的信任度降低，进而危及品牌甚至企业生存的一种状态。酒店的外部环境瞬息万变，品牌运营和营销管理的难度相对较大，任何一个危机事件都会对酒店品牌的整体形象造成不良影响，并影响到消费者对品牌的认可度和忠诚度。

2. 品牌危机的特征

（1）突发性强

品牌危机的发生一般都是难以预测的。虽然品牌危机的发生都有其诱因，但在危机没有爆发之前，即便人们可以预见危机发生的可能性，但通常又无法确定其一定发生或何时发生，更无法准确预测危机发生的形式、强度和规模。比如，1982年，美国止痛药领先品牌泰诺生产的泰诺速效胶囊被人注射氰化钾投毒，致使7人丧生，这一突发事件使得泰诺连带强生公司的相关产品一夜之间成为"过街老鼠"。

（2）危害性大

品牌危机一般都具有危害性，有的品牌危机产生的危害甚至是毁灭性的。品牌危机会使消费者对品牌失去信任，从而使品牌形象受到影响和破坏，有的影响会持续很长一段时间，造成的破坏甚至是不可逆的。比如，前些年山西的"假酒致人死亡案"，使汾酒、竹叶青、杏花村等山西著名白酒品牌都受到牵连、遭受重创；三鹿奶粉突然爆出的三聚氰胺事件，直接导致了三鹿集团的最终破产。

（3）关注度高

随着自媒体的日益发达，人人都是拍客、个个都是播主。芝麻大的事情一经发酵，都能引起广泛的关注。知名品牌一旦爆发危机，更容易引起媒体及社会的高度关注。官方媒体一般都会经过调查核实后才会面向社会发布消息，而少数自媒体却不然，往往是进行捕风捉影、添油加醋的失实报道，这些失实报道往往又是最迷惑群众的。因此，如何及时回应和处理好官方或民间媒体的关注，尽量将危机控制在可接受的范围，是品牌危机管理中的一个比较棘手的问题。

（4）紧迫性强

品牌危机具有较强的突发性，势必带来较强的紧迫性。品牌危机一旦爆发，扩散蔓延的速度非常快，带来的影响和造成的损失也往往呈几何级增长，留给人们反应的时间十分有限。处理的时间每提前一秒、缩短一秒，都可能影响到危机处理的结果或效果。这就要求相关品牌企业在日常工作中就要准备好危机处理预案，并定期进行演练，确保危机一旦发生，立刻能够联防联控、化解危机。

3. 酒店品牌危机的类型

（1）经营危机：由于酒店经营管理者经营管理不善而引发的品牌危机，如经营不当、管理失范、盲目扩张等。

（2）形象危机：由于自身原因或者外部因素给酒店品牌的整体形象带来的危机，如山寨品牌对正统品牌就会带来不可预测的形象危机。

（3）信誉危机：由于管理不善或操作不当，造成酒店信誉在市场中和社会上的威信下降，使酒店处于可能发生危险和损失的状态中。比如，奥克斯空调就因"能效标识名不副实"而遭遇过信誉危机。

（4）文化危机：酒店没有形成自己的文化，对自身及所在城市历史文化内涵的挖掘不够，也缺乏将酒店经营与文化完美契合的能力，使宾客感受不到文化品位。

（5）质量危机：酒店因设备设施老旧、内外部环境不佳、服务人员素质不高等原因而导致消费者感受不到消费质量所带来的危机。

二、品牌危机的管理

酒店品牌危机管理是指酒店在品牌经营过程中针对酒店品牌可能面临或正在面临的危机而采取的一系列管理活动的总称，包括危机防范、危机处理和危机利用等活动。品牌危机管理的原则主要有如下。

1. 防范为主

虽然品牌危机具有突发性特征，但危机爆发前或多或少应该都有征兆的，关键是这些征兆有没有被酒店经营管理者所重视，并采取积极有效的防范措施。因此，酒店管理方应该树牢危机意识，增强危机感，制订应对各种品牌危机的防范预案，规范危机防范措施和危机处理程序，确保危机一旦发生就能快速被解决在萌芽当中，切实将危机损失降到最低限度。

2. 快速反应

品牌危机突发性强、危害性大、关注度高等特征要求酒店经营管理者必须在第一时间对危机作出快速反应并有效处理。快速反应是避免危机扩散、减小危机损害的关键。一旦反应迟缓，导致危机事件发散传播并引起媒体和公众关注，那么酒店经营管理者将处于极度被动的局面，危机处理的难度也将成倍增加。

3. 及时沟通

危机事件一旦发生，酒店经营管理者一定要及时与各方沟通。即便危机事件没有将酒店推向公众舆论的风口浪尖，酒店也应本着真诚的态度，大胆承担应负的责任，全力维护消费者和社会公众的权益，当面或通过新闻媒体向消费者、受害者表示歉意，并拿出具体的挽救措施和赔偿方案。

4. 还原真实

危机事件在爆发之初，肯定伴随着各种指责、流言、谩骂甚至是诽谤。酒店要做的，就是抓紧调查事实真相，及时向当事人、消费者或新闻媒体公布真相。如果酒店为了保全自己而去弄虚作假、遮盖事实，那么只会错上加错，甚至引发更大的、不可挽回的危机，最终成为信誉危机。

5. 勇于创新

品牌危机管理一般都有一套大同小异的程序、途径和方法。但具体到每个酒店来讲，在遵从业内惯用的程序、途径、方式方法和借鉴其他酒店危机管理经验教训的基础上，依然要注重创新。每个酒店遭遇的危机事件各有不同，酒店必须牢固树立创新思维，不能生搬硬套，要善于运用新思维、新途径、新方法来管理品牌危机。

6. 统一有序

品牌危机管理往往需要多个部门的通力协作、联防联控，坚强有力、统一有序、灵活机动的组织指挥与全面协调十分重要。酒店应成立专门的品牌危机管理小组，由专人负责指挥、协调，酒店职能部门各司其职，有序开展应对工作。对外发布相关信息时，应注意统一口径，确保信息内容的真实性、一致性和权威性。

三、品牌危机的预防

1. 树立品牌危机预防意识

酒店业的市场竞争十分激烈，消费者对酒店品牌的要求也日益苛刻，任何酒店品牌都有可能遭遇这样或那样的品牌危机。危机不可怕，重点在预防。面对潜在的、未知的、随时可能发生的品牌危机,酒店管理者和全体员工都应该牢固树立品牌危机意识,在思想上认识上深刻意识到品牌危机的突发性、危害性、紧迫性,加强酒店品牌管理,尽可能减少品牌危机发生的概率。

2. 制订品牌危机处理预案

虽然品牌危机的爆发具有很强的不确定性,但是经营危机、质量危机、信誉危机等在某种程度上还是可以预见的。虽然不同类型品牌危机的处理结果可能不同,但大多数品牌危机的处理程序、途径和方式却是大同小异的。因此,酒店应认真思考、周密安排,科学制订不同类型品牌危机的处理预案并加强演练,确保危机发生的时候,有章可循,不会打乱仗以延误战机。

3. 建立品牌危机预警系统

品牌危机预警系统是酒店为了预防品牌危机事件爆发,对酒店运营状态进行全面监测并收集信息,运用科学技术方法和手段对信息进行处理加工,从而对潜在的、未知的危机进行预测与分析的系统。其主要包括信息子系统、信息加工子系统、决策子系统及警报子系统。有条件的酒店都应建立健全品牌危机预警系统,争取早发现、早预防、早处理。

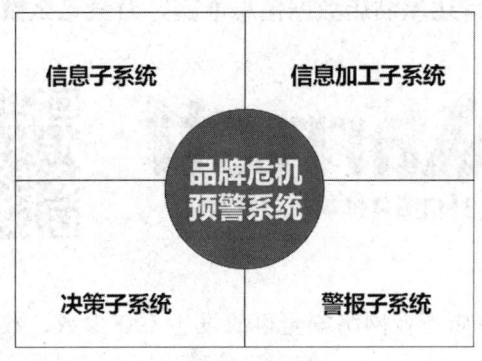

品牌危机预警系统

四、品牌危机处理的程序

1. 成立危机处理机构

酒店应当在品牌危机爆发之初就抓紧成立危机处理小组,设立组长、小组长及联络员,迅速实施坚强有力的组织指挥与灵活机动的全面协调,统一有序地开展各项应对工作。

2. 开展危机调查评估

首要任务就是通过调查快速确定危机发生的原因，评估危机等级及当前损失，以有针对性地制定相关对策。同时，全面了解危机业已产生的影响，准确预判危机可能的走向，加强与当事人或新闻媒体的沟通，尽量控制事态发展。

3. 建立信息传播渠道

危机发生后，社会公众都想在第一时间知道事件的真相和酒店的态度，时间一长很容易造成公众误解、误判。因此，酒店在危机发生后，应快速建立畅通的信息传播渠道，如酒店公众号、车载电台、新闻媒体等，及时发布危机处理进度等情况，回应社会关切。

4. 周密组织处理善后

酒店应妥善处理危机，满足当事人的合理诉求，及时化解危机。同时，认真汲取教训，整改存在问题，努力加以改进，通过改进酒店的经营和管理、提供更加优质的产品和服务等举措，来重新获取消费者的认可，重新擦亮酒店品牌。

| 酒店资讯

喜达屋酒店数据信息泄露？万豪这么做

事实上，近年来酒店行业网络安全事故发生不在少数，数据被泄露已屡见不鲜。除了上述的万豪旗下喜达屋、华住集团之外，在 2018 年 11 月初，丽笙酒店也曾发布公告称会员信息疑似泄露。据估算，至少有 10% 的丽笙奖励计划会员受到影响。此外，数年前的乌云报告称，如家、咸阳国贸、杭州维景国际和驿家 365 快捷等使用的酒店 Wi-Fi 管理、认证管理系统，也存有信息被泄露的安全隐患。在这样的现实背景下，如何做好网络安全的危机预案及公关，万豪为众多酒店企业提供了一些有益的启示。

任务拓展训练

从亚朵酒店"罗生门"事件看公关

2021年8月7日,有被认为是阿里员工的网友在社交平台发帖称,在出差过程被灌酒后遭到客户猥亵。同时,女员工举报称,事后查看酒店录像,当天夜里该领导多次进入她酒店的房间,涉嫌性侵(涉事地点为"济南西站国际会展中心亚朵轻居店")。事件一出,迅速引起大众热议。其中一个争议点就是亚朵酒店房卡问题,酒店工作人员究竟是在什么情况下,出于何种目的或情况给非入住人的其他男性同事制作了房卡,这个行为本身是否合规合法,引发大家质疑。而随着亚朵酒店的官方声明,事件持续发酵,亚朵更是两次被送上热搜。

请你查阅相关资料深入了解此次危机事件,并反思亚朵酒店在此次危机事件公关工作中的不足之处。

项目思考题

1. 酒店品牌在日常经营中如何进行维护?
2. 在日益同质化竞争的市场中,酒店品牌应该如何提升品质?
3. 酒店应该如何避免抄袭现象的发生?
4. 面对危机四伏的竞争环境,酒店品牌应该如何防患于未然呢?

任务拓展训练答案集锦

任务一　　　　任务二　　　　任务三　　　　任务四

项目拓展训练

无可挑剔的经典——丽思·卡尔顿酒店

她从20世纪走来,一直是奢华、精致、高级的代名词;她被誉为"世界的屋顶",是各国政要、名流贵族的下榻首选;她的座右铭"我们以绅士淑女的态度为绅士淑女们忠诚服务",被业界广为传颂。这便是"丽思卡尔(Riz-Carlton)",事实上"豪华(ritzy)"这个词就是由丽思·卡尔顿发明的,ritzy在字典中被解释为非常优雅和豪华。

1. 发展历程

丽思·卡尔顿酒店的创始人是传奇的奢华酒店之父凯撒·里兹先生,当然他也是世界最懂得取悦王室和名流的人。美国第一家丽思·卡尔顿酒店于1911年在纽约46街和麦迪逊街交会处揭幕,费城和大西洋城分号相继于1913年和1921年亮相。

20世纪20年代,丽思·卡尔顿连锁已颇具规模,旗下16家酒店分布于美国、意大利、瑞士和阿根廷,1983年,丽思·卡尔顿集团品牌被亚特兰大地产大亨William Johnson购得,一同被收入囊中的,还有位于波士顿的丽思·卡尔顿酒店,随后成立了丽思·卡尔顿酒店有限责任公司。良好的扩张速度与业界的好评如潮,让丽思·卡尔顿酒店公司成功吸引了酒店界的关注,在1998年,丽思·卡尔顿被万豪收入麾下,成为万豪奢华酒店品牌之一。

正如一座城市的气质是由在此生活的人们而决定的,一座酒店的真正底蕴,也来自曾经停留过的宾客。时装天后可可香奈儿在生前的37年间,一直以巴黎丽思套房为家。她总是乘坐酒店为她定制的私人电梯,经由酒店后门到达办公室。Coco Chanel甚至说:"每当我梦见死后在天堂的生活时,梦中的场景总是发生在丽思酒店。"1925年的一天,海明威第一次走进巴黎丽思酒店,从此便结下了不解之缘。不论是西班牙内战还是"二战"结束,只要他一回到巴黎,去的第一个地方就是丽思。伦敦丽思·卡尔顿酒店也曾吸引查理·卓别林、戴高乐等社会名流聚集于此。伦敦丽思·卡尔顿也是世界上第一个,更是唯一获得威尔士亲王授予殊荣的皇家御用酒店。

2. 发展现状

如今的丽思·卡尔顿依然保持着不俗的成绩,在2008年丽思·卡尔顿打造了一个全新品牌"隐世"(Reserve),如同奢侈品牌的高端定制一般,隐世就是丽思·卡尔顿的高定版本。

有意思的是,隐世旗下的酒店丝毫没有丽思·卡尔顿的意味,任性到不挂丽思·卡尔顿尊贵的LOGO，每家酒店都有着足够性感的名字，都有着桃花源般隐秘的入口，所有的酒店也都精心藏匿在大自然之中。

在丽思·卡尔顿隐世的哲学里，永远都是"美景为你定制"，从你步入酒店那一刻起，无忧的放松状态将伴随你全程，满满的幸福感将是你离开这里时带走的东西。

品质是品牌的生存之本，为保障服务品质，十年以来隐世精选仅仅开业四家，这个造店的速度在顶奢酒店圈几乎找不出第二家。值得一提的是，中国首家丽思·卡尔顿隐世精品度假酒店于2022年开业。

九寨沟丽思·卡尔顿酒店是安缦酒店御用大师Jaya的遗世之作，也是万豪国际集团在中国区首个全别墅式度假酒店。九寨沟丽思·卡尔顿酒店仅有87栋别墅，基于对当地文化的尊崇，酒店与周边环境与村落完美融合。以"山、林、云"为主题的独栋别墅被群山环绕着，酒店的外形建筑和室内设计更多强调的是远离喧嚣、回归自然。它的豪华设施、极致体验以及独一无二的私人全景视角，也必将刷新九寨野奢度假生活高度。

3. 有温度的服务

这个奢华的品牌还有一个更为人乐道的特质，那就是堪称惊艳的"有温度的服务"。在1992年丽思·卡尔顿酒店代表美国连锁酒店业首次获得了一项荣誉，赢取了马尔科姆·鲍德里奇国家质量奖。该奖项由美国国会于1987年设立，以当时的美国商务部部长的名字命名，用于肯定那些通过质量改进计划达到了优质的产品或服务水平的公司。丽思·卡尔顿酒店也是历史上唯一获得过两次该奖项的公司。

在提升其服务质量方面，丽思·卡尔顿的员工都会随身携带一张四折卡纸，这也是酒店最大的特色即黄金标准，黄金标准是酒店开展运营管理的基本质量战略，内容就包括一条信条，一句座右铭，三步服务以及二十项原则。

丽思·卡尔顿第一任总裁，也是起草信条的创业元老——霍斯特·舒尔茨（Horst Schulze），经常在演讲场合被听众询问丽思·卡尔顿的成功秘诀。

他总是这么回答："所有的成功秘诀，都写在我们的'信条'里。那就是全部的秘诀。"信条中写道，丽思·卡尔顿酒店的最高使命是为客户提供真诚的关怀和舒适的享受。我们保证为客人提供最好的个人服务和设施，让客户享受到温暖、轻松和优雅的环境。在丽思·卡尔顿酒店，客户可欣赏到优美的景色、得到舒适的体验，甚至能够实现他们向导的愿望和需求。

事实上，不难发现即使将信条内容中的丽思·卡尔顿部分，改成高级车品牌或珠宝店名，也不会格格不入。丽思·卡尔顿的信条，放诸各行各业皆准，因为它是服务业的基本理念。甚至人们可以将丽思·卡尔顿改成自己的名字，将场景改为在家中招待亲友，这些服务规则也是合理可行的。也就是说，丽思·卡尔顿信条的意义超越商业服务范畴，它代表的是款待顾客时，重视人与人接触的精神。丽思·卡尔顿的信条，就是悦客服务的普世价值。

丽思·卡尔顿的座右铭想必大家都是耳熟能详，"We Are Ladies and Gentlemen Serving Ladies and Gentlemen"。这一段文字的意思是，丽思·卡尔顿的员工和顾客一样，人人都是绅士淑女，应该以同样身为绅士淑女的态度与感性从事工作，人唯有在人格受到对等的尊敬时，工作才会有干劲。

丽思·卡尔顿愿意承诺员工：把员工视为绅士或淑女，给予尊重；让员工一展长才，愿尽最大能力提供各种在职教育机会、协助员工实现抱负；充实职场环境，让员工有充实的生活。员工应该被视为专业"人财"、企业最宝贵的财产，而非只是在现场执行任务的"人才"，是企业应该要有的明确意识。

当然，这样看待员工的企业，也会要求员工必须以最负责任的态度，恪守专业人才应尽的义务。当企业与员工都有这样的意识之后，双方才能建立真正的伙伴关系。

如果说信条和座右铭是丽思·卡尔顿的经营理念，那么"服务三步骤"与"二十项基本原则"，便是丽思·卡尔顿提供给员工的行为方针。

丽思·卡尔顿对员工行为的要求都很基本。"服务三步骤"包括：

一是温暖且真挚的问候。问候时要唤出顾客姓名。

二是预期并满足顾客的每个需求。

三是真情流露的道别。说再见时要唤出顾客姓名。

其实，大部分酒店有类似规定，大部分服务员也会那么做。只是，部分服务员可能会因为过于忙碌，而没有多余心思提醒自己去执行。丽思·卡尔顿之所以把理所当然必须做到的事情以明文规范，是希望服务员借由随时随地的内容温习，随时让服务行为回归服务的最基本原则。

除了服务三步骤之外，丽思·卡尔顿的"二十项基本原则"，也都是在提醒员工平日工作必须注意的基本原则。

请思考：酒店如何长期探索适合本酒店品牌的维护管理模式？

丽思·卡尔顿酒店推文链接

项目实训

学会酒店品牌经营维护

【实训内容】

1. 各小组选择一家当地酒店作为调查对象，通过搜集资料，访谈经营人员了解该酒店针对品牌维护、品牌危机采取的管理措施。

2. 整合调查与访谈结果，结合本章所学内容提出该酒店品牌维护措施优化策略。

3. 针对所调查品牌酒店遇到的一些品牌危机，试分析各小组所设计的酒店在遇到同样的品牌危机时，应该采取哪些应对策略？

【实训成果】

1. 汇总并撰写品牌维护管理策略分析报告

2. 小组介绍本组酒店的品牌危机化解策略，可采用PPT汇报或视频展示的形式

【实训计划】

1. 确定组内角色及分工

组长：_____　　任务：_____

组员1：_____　　任务：_____

组员2：_____　　任务：_____

组员3：_____　　任务：_____

2. 查阅资料，归纳整理

（1）你们组的调查对象是哪一家酒店？

（2）该酒店针对品牌维护、品牌危机主要采取了哪些管理措施？

（3）你们组认为该酒店在针对品牌维护、品牌危机方面做得不足之处有哪些？可举例说明。

3. 完成文稿，并上传至线上学习平台

（1）品牌维护管理策略分析报告

（2）本组酒店的品牌危机化解策略汇报PPT

项目笔记

_____
_____
_____
_____
_____
_____
_____

项目评价

活动	评分标准	自我评价	小组评价	教师评价
任务拓展训练（20分）	任务一拓展训练，答对全部记5分			
	任务二拓展训练，答对全部记5分			
	任务三拓展训练，答对全部记5分			
	任务四拓展训练，答对全部记5分			
项目完成过程（40分）	能正确理解任务资讯的相关内容（5分）			
	能获取相关行业、酒店资讯（5分）			
	通过小组讨论与自学，利用信息化教学资源、互联网等完成活页（5分）			
	认真思考，积极动手、动脑（5分）			
	能很好地展示活动成果（10分）			
	积极参与小组合作与交流，配合默契，互帮互助（10分）			
实训作品效果（40分）	文稿美观，要素完整（10分）			
	表达流畅清晰（10分）			
	文稿内容无专业错误，客观真实（10分）			
	整体效果（10分）			
合计				
自我评价与总结				
教师点评				

第五篇
酒店品牌之花的绽放期

第十章
绽放创意品牌之花——成果篇

花儿的绽放需要积累，需要静候。我们将一颗小小的种子埋入土壤，对它悉心照顾，期待着绿芽的萌生，耐心培育茁壮的小苗，为它设计独特的造型，鼓励它勇敢地迎着风吹雨打，悄然地绽放出自由的花朵。酒店品牌之"花"同样也需要经过长时间的沉淀，在所处的市场环境中"汲取养分"来寻找适合自身生长的模式，才能在酒店品牌的"花丛中"绽放出最美的花朵。

项目导航

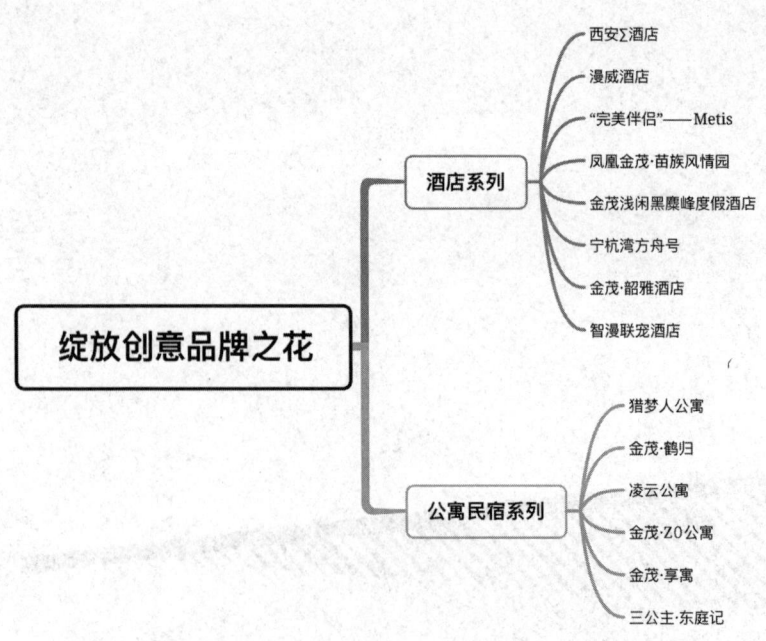

酒店系列

酒店品牌的发展正如花期，离不开时间的沉淀，在优秀的酒店品牌土壤中吸收精华，不催促种子发芽，不强迫花朵绽放。缓慢而又坚定地践行自己的想法，在元宇宙、虚拟数字人、云直播、数字货币纷纷兴起的数字化时代背景下，我们可以欣赏到学生自创酒店品牌通过融汇艺术、科技、人文、潮流、传统文化等多元主题，用自身品牌书写酒店文化精神，迸发出的创意火花。

案例一　西安 ∑ 酒店

作品信息：

简介：∑ 酒店是一家立足于 W 酒店所创设的子品牌酒店，∑ 酒店致力于贴近中国文化，输出国潮特色，让每一位入住的宾客都能体会到华夏传统与现代时尚的碰撞，为年轻独特的你，专业且真诚地提供特别的服务！

学校：湖南师范大学

指导老师：刘颖洁

参与学生：李秋燕、吴亚兰、李沁芸、曹心仪、方闻婷、王千千、黄皖苏、彭莎、余婷、杨静

扫码查看完整版：

案例二　漫威酒店

作品信息：

简介：Art of Marvel 主题酒店致力于创设一个现实中的漫威世界，酒店整体装修以漫威元素为主，创造性地将酒店的功能区与漫威游戏场景融合起来，将电影中六大原石的获取方式与酒店具体的产品服务项目结合起来，让顾客迅速融入角色，颠覆传统功能区的设计原则。

学校：湖南师范大学

指导老师：邓逸伦

参与学生：邓婵、薛杰夫、杨静、肖潇

扫码查看完整版：

案例三　"完美伴侣"——Metis

作品信息：

简介：Metis 象征着智慧与思想，也是一个完美的智慧管理系统，它是酒店的"完美伴侣"，包含智慧运营、智慧对客服务、智慧人力资源、智慧采购、智慧销售、智慧营销、智慧分销、智慧财务、智慧公关九大功能模块，将智慧传递到酒店的每一个角落。

学校：湖南师范大学

指导老师：邓逸伦

参与学生：艾慧欣、王紫依

扫码查看完整版：

案例四　凤凰金茂·苗族风情园

作品信息：

简介：一家以凤凰苗族为核心的文化创意型酒店，以苗族风情为主，展现苗族的历史与文化，给人们带来一场具有苗族历史文化特色的视觉盛宴，丰富年青一代的精神世界，让其沉浸式体验真实的苗族生活。

学校：湖南文理学院

指导老师：周扬

参与学生：孙澳、刘啸、白露华

扫码查看完整版：

案例五　金茂浅闲黑麋峰度假酒店

作品信息：

简介：一家以"金茂＋环保科技"的模式在黑麋峰国家森林公园打造的"住宿＋"模式的度假酒店，坚持环保科技、人、建筑、自然和谐共处的原则，主张轻生活、慢度假、亲自然的生活理念，让宾客的身心从内到外都轻盈健康。

学校：湖南女子学院

指导老师：朱一丹

参与学生：周林凤、叶利、汤雅杰

扫码查看完整版：

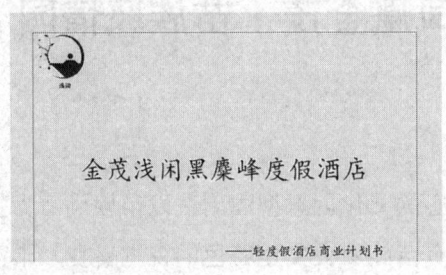

案例六　宁杭湾方舟号

作品信息：

简介：一家基于金茂·隐逸打造的高端度假品牌，酒店围绕《和平方舟的孩子》、Steam教育模式、人类命运共同体理念来设计公共区各活动，遵循让亲子家庭亲近回归自然，放松舒缓心情，收获丰富知识，感受爱与和平的理念，为他们提供一个在海边度假游玩的舒适环境。

学校：湖南师范大学

指导老师：龚曦

参与学生：王思晴、周美君、周琼

扫码查看完整版：

案例七　金茂·韶雅酒店

作品信息：

简介：金茂·韶雅酒店通过智能科技将入住、购物、康娱、社交集于一体，拥有风格独特、宽敞舒适的客房，以及多类专门为妈妈和孩子设计的康体项目的酒店，让母亲即使在带娃的情况下依旧能保证独自美丽的资本和机会。

学校：长沙师范学院

指导老师：夏杰

参与学生：温佐芳、陈小群、刘鸿涛

扫码查看完整版：

案例八　智漫联宠酒店

作品信息：

简介：智漫联宠酒店是一家集宠物美容馆、宠物乐园、宠物餐厅、宠物寄养中心、萌宠房、VR体验馆为一体的多元化智能宠物酒店。该酒店将现实中的人与宠物融入动漫世界，并为人和宠物提供一场与动漫世界跨次元的相遇。

学校：衡阳师范学院南岳学院

指导老师：李克强

参与学生：刘静、罗娟、高贻斯

扫码查看完整版：

公寓民宿系列

正如植物会随着时间变化,住宿业也会随着时代的变迁而变化。作为冉冉升起的新住宿类业态,长租公寓、民宿为年青一代留下了巨大的想象空间。在起初空白的画布上,我们欣赏到为年轻人打造的智能化体验,集居住创业为一体的多元化创意空间,还有为"斜杠青年"所打造的社交新舞台等创意设计,这张画布虽已五彩斑斓,但未来的住宿业仍充满着无限的可能,定会绽放出丰盛的创意之花!

案例一 猎梦人公寓

作品信息:

简介:一家"华中有质,繁中有实"的现代科技化公寓,一家为年轻追梦者量身打造的中高端青年公寓,拥有着集社交、娱乐、工作为一体的多功能生活空间,让年轻人在城市中找到归属感,找到家的味道,成为城市的主人。

学校:湖南文理学院

指导老师:王文辉

参与学生:王燊、张艾萱、毛心依

扫码查看完整版:

案例二　金茂·鹤归

作品信息：

简介：为武汉旅梦人群提供一个轻松便捷生活的社交空间，提供24小时不同工作、生活所需的不同消费需求，满足办公便利、商务沟通、产品展示、行业交流需求的"社交场"，形成社区一站式"产""学""研""展示""零售""教育培训""生活"于一体的科创生活融合场景。

学校：长沙师范学院

指导老师：张曼

参与学生：胡苗、周奕琨、代明燕

扫码查看完整版：

案例三　凌云公寓

作品信息：

简介：凌云公寓以"四大支撑"（安全保障支撑、科学技术支撑、平台体系支撑、预警系统支撑）与"三位一体"（公寓内私人空间、创梦空间、乐至空间的一体化）为核心理念，为新生代"斜杠青年"打造了集居住、创业为一体的多元化创意公寓空间。

学校：湖南工商大学

指导老师：李琬琼

参与学生：周至音、唐红、逢耀华

扫码查看完整版：

案例四　金茂·Z0公寓

作品信息：

简介：Z0公寓是面向Z世代打造的全新概念的公寓，项目设计融入"社群"理念，通过打造Z0小圈将所有住户纳入Z0公寓社群生态圈，借助科技的发展，扩展生活的边界，形成对Z0公寓的认同感与归属感。

学校：湖南师范大学

指导老师：邓逸伦

参与学生：张晴雯、唐哲朦、童鑫

扫码查看完整版：

案例五　金茂·享寓

作品信息：

简介：金茂·享寓是金茂集团旗下一个年轻人的社交型智能公寓，在公寓"探享"中"遇见"，目标群体细化到城市中拥有多重职业和身份的个性化"斜杠青年"，为他们打造一处自在、随性、有爱的社交公区。

学校：湖南人文科技学院

指导老师：王晶晶

参与学生：王嘉鑫、王晓洁、蒲青

扫码查看完整版：

案例六　三公主·东庭记

作品信息：

简介：三公主·东庭记是为亲子打造的国漫主题民宿，针对江浙沪地区"90后""80后"年轻父母及其儿童推出独特的国漫风沉浸式文化体验，使游客享受海岛生活的悠闲与宁静的同时，了解黄龙岛民俗文化，切身感受传说故事的剧情，与孩子一起享受这次童话之旅。

学校：湖南师范大学

指导老师：龚曦

参与学生：葛奇、黄诗晴、黄百灵、田露茜、邱丽华

扫码查看完整版：

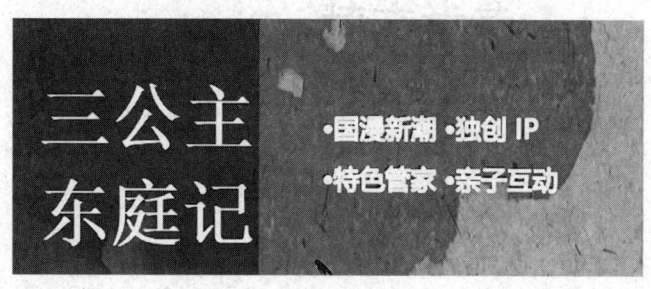

参考文献

一、相关书籍

[1] 吴金林，高玲.酒店品牌建设与管理［M］.北京：高等教育出版社，2016.

[2] 周三多，陈传明.管理学［M］.3版.北京：高等教育出版社，2010.

[3] 陈雪钧，马勇，李莉吴.酒店品牌建设与管理［M］.重庆：重庆大学出版社，2015.

[4] 庞守林，张汉民，丛爱静.品牌管理［M］.北京：高等教育出版社，2017.

[5] 周志民.品牌管理［M］.天津：南开大学出版社，2008.

[6] 任淑美.品牌诊断［M］.北京：中国经济出版社，2005.

[7] 戚德志.未尽之美华——住十五年［M］.北京：中信出版社，2021.

[8] 杨学成，陈章旺.网络营销［M］.北京：高等教育出版社，2014.

[9] 黄静.品牌管理［M］.武汉：武汉大学出版社，2005.

[10] 伯恩德·H.施密特.体验式营销［M］.北京：人民邮电出版社，2017.

[11] 罗宇.把品牌做大［M］.重庆：人民邮电出版社，2007.

[12]［美］阿尔·里斯，杰克·特劳特.定位：头脑争夺战［M］.北京：中国财政经济出版社，2002.

[13]［美］罗瑟·瑞夫斯.实效的广告［M］.呼和浩特：内蒙古人民出版社，1999.

[14] 庞守林，张汉民，丛爱静.品牌管理［M］.北京：高等教育出版社，2017.

[15] 周志明.品牌管理［M］.天津：南开大学出版社，2008.

[16]［新加坡］保罗·唐波拉尔.高级品牌管理：实务及案例分析［M］.北京：清华大学出版社，2004.

[17] 何佳讯.品牌形象策划—透视品牌经营［M］.上海：复旦大学出版社，

2000.

[18] 邹益民，张冠明，等.企业持续的基本法则［M］.北京：旅游教育出版社，2008.

[19] T S Eliot. Notes towards the Definition of Culture［M］. London：FaberandFaber，1948.

[20]［美］林恩·阿普绍.塑造品牌特征：市场竞争中通向成功的策略［M］.北京：清华大学出版社，2014.

二、相关文献

[1] 陈伟鹏，胥智敏，李茹楠，等.地域文化视阈下国内生活方式酒店竞争力提升路径分析［J］.中国集体经济，2020（21）：55-58

[2] 徐金灿，马谋超，陈毅文.服务质量的研究综述［J］.心理科学进展，2002（2）：233-239.

[3] 李楠.面向顾客忠诚的星级酒店餐饮服务质量探测模型及实证研究［D］.南京：南京理工大学，2012.

[4] Oakland J，Porter L.Quality 21［J］.Quality World，2004，30（1）：10-14.

[5] Antunes M G，Quirós J T，Justino M.The Relationship between Innovation and Total Quality Management and the Innovation Effects on Organizational Performance［J］. International Journal of Quality& Reliability Management，2017，34（9）：1474-1492.

[6] Prajogo D I，Mcdermott C M. The Relationship between Total Quality Management Practices and Organizational Culture［J］.International Journal of Operations&Production Management，2005，25（11）：1101-1122.

[7] 敖永凤.基于互联网的酒店品牌传播策略［J］.现代营销（下旬刊），2017（8）：88.

[8] 方芳，姜馨怡，许正松.移动互联网时代下酒店品牌传播策略研究［J］.科技视界，2020（19）：249-251.

[9] 董效康.湖南创意农业品牌形象传播策略探索［J］.产业与科技论坛，2021，20（4）：16-17.

[10] 李妍菲.唐·E.舒尔茨的理论回顾［J］.企业管理，2020（10）：113-116.

［11］赵嬰，宋明.亚朵酒店品牌营销策略研究［J］.营销界，2020（12）：16-17.

［12］朱晓磊.企业新媒体营销渠道现状与管理研究［J］.全国流通经济，2021（26）：28-30.

［13］胡水.跨界营销重申用户体验［J］.中外管理，2007（11）：87-89.

［14］李玉兰，亦冰.国际竞争力研究的进展［J］.世界科技研究与发展，1996（2）：84-86.

［15］丛珩.经典广告创意理论在新媒体环境下的延伸［J］.当代传播，2012（6）：81-83.

［16］Aaker J.Dimensions of brand personality［J］.Journal of Marketing Research，1997，34（3）：347-356.

［17］黄胜兵，卢泰宏.品牌个性维度的本土化研究［J］.南开管理评论，2006（1）：4-9.

三、相关网站、报纸

［1］https://brandfinance.com/

［2］酒店精品 Hotelelitemag 微信公众号 https://mp.weixin.qq.com/s/ZzT6zZhFLKe28aaY8PHpLw

［3］酒店高参官网 http://www.hoteln.cn/

［4］迈点官网 https://www.meadin.com/

［5］酒店控手礼.酒店集团如何定位自家品牌［EB/OL］.https://mp.weixin.qq.com/s/aAh7W8KL8XXLaJSluCzhzw.

［6］环球旅讯官网 https://www.traveldaily.cn/

［7］HotelShare.这些酒店名字的由来居然都是人名！［EB/OL］.https://mp.weixin.qq.com/s/C9brIuPCbybPkzxGBO9F_Q.

［8］杨华.酒店服务：如何避免好心办错事［EB/OL］.https://www.meadin.com/zl/223705.html，2021-01-11.

［9］华住会.全季|新年礼物员工内购清单［EB/OL］.https://mp.weixin.qq.com/s/6Kvjvn57O8NyW8twMM2qWg，2020-12-25.

［10］北京中饭商学院.疫情下酒店怎样先活下去，再谋发展？［EB/OL］.

https://www.163.com/dy/article/GJHDU85905387O0U.html，2021-09-11.

［11］宁儿.华住品牌创新再落一子，城家CitiGO亮相上海静安［EB/OL］. http://www.5ulvyou.com/news/gn/2017/0401/6886.html，2017-04-01

［12］徐维维.华住推出新零售品牌"客听"盘活酒店大堂闲置空间［N］.21世纪经济报道，2019-01-16.

［13］关子辰.华住出海野心不灭［N］.北京商报，2020-05-18.

［14］环球旅讯.对话金辉：华住永远焦虑｜旅见［EB/OL］.https://www.traveldaily.cn/article/141135，2020-10-19.

［15］迈点网.华住首发行业白皮书，助力酒店业全面复苏［EB/OL］.https://www.meadin.com/jd/214770.html，2020-05-26.

［16］广告营销志.盘点亚朵5大联名创意酒店，解锁跨界营销的正确姿势［EB/OL］.https://mp.weixin.qq.com/s/ZzfLBFOilRqpfMAHnCqrgA，2018-12-28.

［17］谢佳科.品牌传播三要素［EB/OL］.https://www.socialmarketings.com/articldetails/14166，2021-4-14.

［18］从"仪式感"走向"生活化"数字时代下高端酒店迈向直播［EB/OL］. https://www.mob.com/about/news/876，2020-06-02.

［19］陈晓东.Z世代加速酒店创新升级 他们愿意为什么买单？［EB/OL］.https://www.meadin.com/jd/238897.html，2022-02-03.

［20］最美食.上海｜恣享暖心团圆，尽在上海外滩华尔道夫酒店［EB/OL］. https://www.sohu.com/a/445463251_107307，2021-01-19.

［21］胡晓钰.送外卖、做直播 顶豪酒店北京华尔道夫"接地气"式自救可行吗？［EB/OL］.https://www.bbtnews.com.cn/2020/0713/360741.shtml，2020-07-13.

［22］中国经济时报.青啤集团：以"三个引领"提升中国品牌国际化竞争［EB/OL］.https://jjsb.cet.com.cn/

［23］酒店供应量增长 https://www.qianzhan.com/

［24］中国证券报.酒店业上市公司加速资产整合［EB/OL］.https://www.cs.com.cn/

［25］CIO发展中心.新零售下的酒店创新［EB/OL］http://www.ileader.com.cn/

［26］希尔顿酒店集团官网 https://www.hilton.com.cn/zh-cn/

［27］酒店里的"小怪物" http://news.sohu.com/a/503311768_120924137

［28］用文化营销打造酒店核心竞争力 https://www.meadin.com/

［29］上海艾迪逊酒店官网 http://edition-hotels.cn/shanghai/

［30］丽思·卡尔顿酒店官网 https://www.marriott.com.cn/search/findHotels.mi?dclid=CP_k3Nid6_YCFYiB6QUd8VoL_Q

［31］企业一切营销的出发点，从建立"品牌资产"开始 https://mp.weixin.qq.com/s/7o8g5mhg7EVT8YjEe9XyIA

［32］专访 iu 酒店：年轻人喜欢的"轻中端"酒店，是什么样子？ https://www.huanqiu.com/

［33］万豪进军短租：结合酒店忠诚度建立竞争优势 http://www.hoteln.cn/

［34］三亚艾迪逊酒店于 12 月 9 日盛大开幕 https://www.meadin.com/

［35］三亚艾迪逊，怎么拍都美！https://www.badazhou.com/

［36］新浪网 https://finance.sina.com.cn

［37］Shallen 的斯房话，《致抄袭者》https://mp.weixin.qq.com/s/rIpwqY-KEQnXRU-zPXIoSQ

责任编辑：刘志龙
责任印制：闫立中
封面设计：中文天地

图书在版编目（CIP）数据

酒店品牌建设：认知与实践 / 刘颖洁编著． -- 北京：中国旅游出版社，2023.3（2025.7重印）
旅游管理综合实践创新人才培养系列教材
ISBN 978-7-5032-7101-4

Ⅰ．①酒… Ⅱ．①刘… Ⅲ．①饭店－商业品牌－企业管理－高等学校－教材 Ⅳ．① F719.2

中国国家版本馆 CIP 数据核字（2023）第 043602 号

书　　名	酒店品牌建设：认知与实践
作　　者	刘颖洁　编著
出版发行	中国旅游出版社
	（北京静安东里6号　邮编：100028）
	http://www.cttp.net.cn　E-mail:cttp@mct.gov.cn
	营销中心电话：010-57377103，010-57377106
	读者服务部电话：010-57377107
排　　版	北京旅教文化传播有限公司
经　　销	全国各地新华书店
印　　刷	三河市灵山芝兰印刷有限公司
版　　次	2023年3月第1版　2025年7月第2次印刷
开　　本	787毫米×1092毫米　1/16
印　　张	17.25
字　　数	304千
定　　价	42.00元
ISBN	978-7-5032-7101-4

版权所有　翻印必究
如发现质量问题，请直接与营销中心联系调换